essentials

essentials liefern aktuelles Wissen in konzentrierter Form. Die Essenz dessen, worauf es als „State-of-the-Art" in der gegenwärtigen Fachdiskussion oder in der Praxis ankommt. *essentials* informieren schnell, unkompliziert und verständlich

- als Einführung in ein aktuelles Thema aus Ihrem Fachgebiet
- als Einstieg in ein für Sie noch unbekanntes Themenfeld
- als Einblick, um zum Thema mitreden zu können

Die Bücher in elektronischer und gedruckter Form bringen das Expertenwissen von Springer-Fachautoren kompakt zur Darstellung. Sie sind besonders für die Nutzung als eBook auf Tablet-PCs, eBook-Readern und Smartphones geeignet. *essentials:* Wissensbausteine aus den Wirtschafts-, Sozial- und Geisteswissenschaften, aus Technik und Naturwissenschaften sowie aus Medizin, Psychologie und Gesundheitsberufen. Von renommierten Autoren aller Springer-Verlagsmarken.

Weitere Bände in dieser Reihe http://www.springer.com/series/13088

Kai Assenmacher

Crowdfunding als kommunale Finanzierungsalternative

Kai Assenmacher
Brühl, Deutschland

ISSN 2197-6708   ISSN 2197-6716   (electronic)
essentials
ISBN 978-3-658-17152-0   ISBN 978-3-658-17153-7   (eBook)
DOI 10.1007/978-3-658-17153-7

Die Deutsche Nationalbibliothek verzeichnet diese Publikation in der Deutschen Nationalbiblio-
grafie; detaillierte bibliografische Daten sind im Internet über http://dnb.d-nb.de abrufbar.

Springer Gabler
© Springer Fachmedien Wiesbaden GmbH 2017

Gedruckt auf säurefreiem und chlorfrei gebleichtem Papier

Springer Gabler ist Teil von Springer Nature
Die eingetragene Gesellschaft ist Springer Fachmedien Wiesbaden GmbH
Die Anschrift der Gesellschaft ist: Abraham-Lincoln-Str. 46, 65189 Wiesbaden, Germany

Was Sie in diesem *essential* finden können

- Überblick über das Thema Crowdfunding
- Umsetzbarkeit innerhalb von Kommunen
- Umfrageergebnisse zum Thema Crowdfunding
- Interviews mit Experten und Verwaltungsvorständen
- interessante Praxisbeispiele

Inhaltsverzeichnis

Inhaltsverzeichnis

Abkürzungsverzeichnis

Abs.	Absatz
AG	Aktiengesellschaft
AGB	Allgemeine Geschäftsbedingungen
Art.	Artikel
BaFin	Bundesanstalt für Finanzdienstleistungsaufsicht
bspw.	beispielsweise
bzw.	beziehungsweise
ca.	circa
CD	Compact Disc
engl.	englisch
EZB	Europäische Zentralbank
f.	folgende
ff.	fortfolgende
gem.	gemäß
GemHVO	Gemeindehaushaltsverordnung
GG	Grundgesetz
ggf.	gegebenenfalls
GO NRW	Gemeindeordnung Nordrhein-Westfalen
Hrsg.	Herausgeber
Kita	Kindertagesstätte
KWG	Kreditwesengesetz
Mio.	Millionen
Mrd.	Milliarden
o. g.	oben genannte
p. a.	per anno
PPP-Modelle	Public Private Partnership-Modelle

S.   Seite
u. a.   unter anderem
URL   Uniform Resource Locator
usw.   und so weiter
VermAnlG   Vermögensanlagengesetz
Vgl.   Vergleiche
WpPG   Wertpapierprospektgesetz
ZAG   Zahlungsdienstaufsichtsgesetz
z. B.   zum Beispiel

Einleitung 1

Die angespannte finanzielle Lage der deutschen Kommunen (im Folgenden werden die Begriffe Gemeinde und Kommune als Synonyme verwendet) drängt diese dazu, nach kostengünstigen Finanzierungsalternativen für ihre Investitionen zu suchen. Um die Haushaltskonsolidierung nicht zu gefährden und dennoch Investitionen tätigen zu können, müssen Möglichkeiten gefunden werden, die den kommunalen Haushalt möglichst wenig belasten.

Viele Kommunen sind nicht mehr in der Lage, Investitionen selbst zu finanzieren, und suchen daher andere Wege, um Finanzmittel zu beschaffen. Nach einer Studie der Ernst und Young Wirtschaftsprüfungsgesellschaft aus dem Jahr 2015 weist jede zweite deutsche Kommune ein Haushaltsdefizit auf (Ernst und Young 2015, S. 4). In Nordrhein-Westfalen weisen 84 % der Kommunen ein Haushaltsdefizit auf (Ernst und Young 2015, S. 5). Kommunen finanzieren sich überwiegend über Kassenkredite und rechnen mit einem weiteren Anstieg der Verschuldung. Bis 2017 besteht ein Investitionsbedarf von ca. 15 Mio. EUR (Ernst und Young 2015, S. 25). Finanzierungsalternativen sind noch nicht sehr weit verbreitet. Nur jede sechste deutsche Kommune hat bereits auf eine alternative Finanzierungsform zurückgegriffen. Am verbreitetsten sind hierbei Anleihen (3 %), PPP-Modelle (12 %) und Schuldscheindarlehen (5 %) (Ernst und Young 2015, S. 31). Die Sicherstellung der Finanzierung wird durch die Aufnahme von Kassenkrediten, die Erhöhung von Steuern und Gebühren sowie durch die Einschränkung der freiwilligen Aufgaben erreicht (Ernst und Young 2015, S. 32).

Als Alternative im Prozess der Finanzmittelbeschaffung bietet sich daher das Crowdfunding an. In Deutschland starteten die ersten entsprechenden Internet-Plattformen im Herbst 2010. Crowdfunding wird immer bekannter und immer beliebter. In Deutschland ist der Crowdfunding-Markt 2015 sehr stark um durchschnittlich 113 % auf 140 Mio. EUR jährlich gewachsen. Gewinnorientiertes

© Springer Fachmedien Wiesbaden GmbH 2017
K. Assenmacher, *Crowdfunding als kommunale Finanzierungsalternative,*
essentials, DOI 10.1007/978-3-658-17153-7_1

Crowdfunding, d. h. Crowdinvesting und Crowdlending, macht fünf Sechstel des Crowdfunding-Marktes aus. Mehr als 8 Mio. Bürger[1] haben bisher in Deutschland Crowdfunding-Projekte wahrgenommen und diese auch unterstützt. Ein wichtiger Verbreitungsweg sind die sozialen Medien, auf denen die ca. 70 Plattformen die Unterstützer mobilisieren (German Crowdfunding Network 2016).

Auch Kommunen nutzen bereits – wenn auch sehr eingeschränkt – diese Art der Finanzierung. Ziel dieses *essentials* ist die Darstellung von Crowdfunding als mögliche Finanzierungsalternative für die öffentliche Verwaltung bzw. für Kommunen. Es soll analysiert werden, ob Crowdfunding eine geeignete Möglichkeit ist, kommunale Projekte zu finanzieren.

1.1 Motivation

Im Rahmen dieses *essentials* soll zunächst dargestellt werden, was sich eigentlich hinter dem Begriff „Crowdfunding" verbirgt. Dazu werden neben dem historischen Hintergrund und der Entwicklung auch die verschiedenen Arten des Crowdfundings vorgestellt. Anschließend werden die Akteure und Crowdfunding-Prinzipien sowie der Ablauf einer Crowdfunding-Kampagne und die Erfolgsfaktoren erläutert.

Nach einer Darstellung und Erläuterung des Crowdfundings im Allgemeinen widmet sich dieses *essential* der Übertragung des Crowdfundings auf die kommunale Ebene. Da im kommunalen Bereich bestimmte rechtliche Voraussetzungen zu beachten sind, werden zunächst die gesetzlichen, aufsichtsrechtlichen sowie haushaltsrechtlichen Rahmenbedingungen erläutert. Anschließend folgt eine Einschätzung der möglichen Kosten, die bei einer kommunalen Crowdfunding-Kampagne anfallen können. Crowdfunding wird überwiegend über entsprechende Plattformen abgewickelt. Aus diesem Grund werden exemplarisch zwei Plattformen, die sich auf kommunale Projekte spezialisiert haben, näher betrachtet. Im Anschluss daran werden drei kommunale Best-Practice-Beispiele vorgestellt.

Darüber hinaus wird auf die Möglichkeit einer Crowdfunding-Kampagne innerhalb einer Kommune, unter Berücksichtigung der Vor- und Nachteile sowie der Einschätzung des zusätzlichen Nutzens, eingegangen. Danach werden die Ergebnisse der eigenen empirischen Befragung analysiert.

Im Fazit erfolgt ein Ausblick über die Praktikabilität und Einsetzbarkeit von Crowdfunding in Kommunen.

---

[1]Die in diesem Text verwendete männliche Form gilt für Personen beiderlei Geschlechts.

1.2 Aktueller Forschungsstand

Um die vorangegangenen Fragestellungen zu klären, werden Publikationen und Statistiken sowie Literatur- und Internetquellen ausgewertet. Da es sich bei Crowdfunding allgemein um ein sehr junges Themengebiet handelt, fehlt es an kommunenspezifischer und wissenschaftlicher Literatur. Inzwischen existiert eine ganze Reihe von Publikationen sachkundiger Dritter, die sich im privatwirtschaftlichen Bereich mit dem Thema auseinandergesetzt haben. Über Crowdfunding im kommunalen Bereich hingegen existiert aktuell noch keine Literatur.

1.3 Methodik

Um dieses *essential* zu verfassen, wurde vor allem auf bereits bestehende Literatur zurückgegriffen. Da diese sich inhaltlich vorwiegend auf Crowdfunding-Projekte im privaten bzw. privatwirtschaftlichen Bereich beziehen, werden die einzelnen Theorien auf die Kommunalverwaltung übertragen und deren Machbarkeit analysiert. Daher konnte zur Erstellung dieses *essentials* ausschließlich auf Erfahrungsberichte von bereits erfolgreich absolvierten kommunalen Crowdfunding-Projekten zurückgegriffen werden. Darüber hinaus wurden zur besseren Erörterung der Umsetzbarkeit von Crowdfunding für Kommunen Experteninterviews mit den Mitgliedern des Verwaltungsvorstandes und dem Kämmerer der Stadtverwaltung Brühl sowie externen Crowdfunding-Experten geführt, ausgewertet und verarbeitet.

Zusätzlich wurde eine Befragung in Form einer Online-Umfrage (computervermittelte Befragung) durchgeführt. Die ausschlaggebenden Gründe für die Wahl dieser Datenerhebungsmethode waren die große Reichweite, die einfache Datenverarbeitung und die guten Verbreitungsmöglichkeiten über das Internet. Der Fragebogen wurde auf der Internetseite Umfrageonline.com erstellt und danach über die verschiedenen sozialen Netzwerke wie Facebook, Twitter und Instagram verteilt. Die Umfrageergebnisse werden im Rahmen dieses *essentials* ausgewertet. Die Umfrage ist nicht repräsentativ und beschränkt sich auf die erreichte Teilnehmerzahl.

Crowdfunding – Was ist das? 2

Crowdfunding ist eine neue Art der Finanzierung, die ihren Anfang in den USA genommen hat und auch in Deutschland zunehmend populärer wird. Der Gründer der nicht mehr existierenden Crowdfunding-Plattform „fundavlog", Michael Sullivan, war der Erste, der den Begriff „Crowdfunding" nutzte. Abgeleitet wurde der Begriff von dem Ausdruck „Crowdsourcing", den der Autor und Blogger Jeff Howe 2006 erfand (Sterblich et al. 2015, S. 11). Unter den Begriff Crowdsourcing fallen alle monetären und nichtmonetären Wertschöpfungsformen, bei denen die „Crowd" (deutsch: Menge, Vielzahl) ihre vorhandenen Kenntnisse, Fähigkeiten und andere Ressourcen einsetzt und nutzbar macht (Orthwein 2014, S. 13 f.). Im Folgenden beschränkt sich dieses *essential* jedoch auf das Crowdsourcing auf der monetären Ebene, das sogenannte Crowdfunding.

Der Begriff „Crowdfunding" wird meist als Oberbegriff für alle Arten des Crowdfundings verwendet. Er beschreibt eine Vielzahl an Menschen (engl. „Crowd"), die sich gemeinsam über das Internet an einer Finanzierung (engl. „funding") beteiligen. Dabei beteiligt sich die Crowd mit mehreren kleinen Geldbeträgen, die sich insgesamt zu der Zielsumme zusammensetzen, dem sogenannten „Fundingziel". Im Deutschen wird auch häufig der Begriff „Schwarmfinanzierung" verwendet. Das Besondere beim Crowdfunding ist, dass die Geldbeträge über eine Internet-Plattform eingesammelt werden. Es handelt sich dabei um Crowdfunding-Plattformen, auf denen die einzelnen Crowdfunding-Projekte vorgestellt werden. Die einzelnen Beträge werden immer explizit für ein ganz spezielles Projekt eingesammelt und müssen von dem Kapitalsuchenden dementsprechend verwendet werden.

© Springer Fachmedien Wiesbaden GmbH 2017
K. Assenmacher, *Crowdfunding als kommunale Finanzierungsalternative,*
essentials, DOI 10.1007/978-3-658-17153-7_2

2.1   Ursprung und Entwicklung

Die Crowdfunding-Idee ist nicht neu. Eines der bekanntesten und ältesten Beispiele hierfür ist die Finanzierung des Sockels der Freiheitsstatue in New York. Aufgrund der schlechten Finanzlage der Stadt New York drohte 1885 das Aus für den Aufbau der Freiheitsstatue. Der Herausgeber der Zeitung „New York World", Joseph Pulitzer, startete in seiner Zeitung einen Spendenaufruf. Darin bat er seine Leser um finanzielle Unterstützung, um den Aufbau des Sockels gemeinsam finanzieren zu können. Die Zielsumme lag bei 100.000 US$. Als Gegenleistung versprach er, unabhängig von der Höhe des gespendeten Betrages, jeden einzelnen Unterstützer namentlich in seiner Zeitung zu erwähnen. Fünf Monate nach diesem Aufruf wurde bekannt gegeben, dass 102.000 US$ eingesammelt werden konnten. Die Gesamtsumme wurde von 120.000 Spendern zur Verfügung gestellt und die Bauarbeiten konnten 1886 fertiggestellt werden (Orthwein 2014, S. 21).

Crowdfunding, wie es heutzutage praktiziert wird, hat seinen Ursprung ebenfalls in den USA. Durch die Entstehung und Weiterentwicklung des Internets konnte sich das Crowdfunding entwickeln. Zunächst wurde es im Bereich der künstlerisch-kreativen Branche eingesetzt und fand dort eine große Anzahl an interessierten Unterstützern. Im Jahr 2000 wurde die Plattform „ArtistShare" gegründet, über die Musiker durch ihre Fans bei der Albumproduktion finanziell unterstützt wurden (Schneider 2014, S. 25). Seit August 2006 können sich Bands und Musiker über das Portal „SellaBand" mit Crowdfunding finanzieren lassen (Orthwein 2014, S. 21). Dies war die erste derartige Plattform in Europa (Beck 2014, S. 34). 2009 startete die erste internationale Plattform „Kickstarter", die sich nicht auf die künstlerisch-kreative Branche beschränkte, ihren Dienst. „Kickstarter" sowie „Indiegogo" konnten sich als Marktführer international etablieren. „Startnext" nahm 2010 als erste deutsche Crowdfunding-Plattform ihre Tätigkeit auf und gilt als Marktführer in Deutschland (Schneider 2014, S. 25). Auf dem zweiten Rang der deutschen Crowdfunding-Plattformen findet sich „VisionBakery" (Orthwein 2014, S. 22). „Kickstarter" konnte, laut eigener Aussage, seit seiner Gründung bisher insgesamt 2,3 Mrd. US$ für Crowdfunding-Projekte einsammeln und damit 104.624 Projekte erfolgreich finanzieren (Kickstarter 2016). Die deutsche Plattform „Startnext" konnte, laut eigener Aussage, seit ihrer Gründung bisher 29,9 Mio. EUR für Crowdfunding-Projekte einsammeln, von denen bisher 3589 Projekte erfolgreich finanziert wurden (Startnext 2016). In Deutschland konnten im Jahr 2015 insgesamt 66,8 Mio. EUR (2014: 35,6 Mio. EUR) per Crowdlending, 9,8 Mio. EUR (2014: 8,7 Mio. EUR) per Crowdfunding und 37,3 Mio. EUR (2014: 14,7 Mio. EUR) per Crowdinvesting eingesammelt werden (Für-Gründer.de 2016). Im ersten Quartal 2016 konnten bereits 24,4 Mio. EUR per Crowdlending, 2,6 Mio. EUR per Crowdfunding und 9,3 Mio. EUR per Crowdinvesting eingesammelt werden (Für-Gründer.de 2016). Diese enormen Steigerungsraten, in allen Crowdfunding-Bereichen, zeigen das große Potenzial dieser Finanzierungsart. Inzwischen gibt es eine Vielzahl an Crowdfunding-Plattformen. Eine umfassende Auflistung der Plattformen findet sich auf der Homepage von Crowdfunding.de.

2.2 Crowdfunding-Arten

In der Praxis wird vor allem zwischen vier verschiedenen Arten des Crowdfundings unterschieden: spendenbasiertes Crowdfunding (donation-based Crowdfunding), gegenleistungsbasiertes Crowdfunding (reward-based Crowdfunding), kreditbasiertes Crowdfunding (Crowdlending oder lending-based Crowdfunding) und Crowdinvesting (equity-based Crowdfunding) (BaFin 2016). Diese vier Formen des Crowdfundings werden im Folgenden näher vorgestellt.

2.2.1 Spendenbasiertes Crowdfunding

Beim spendenbasierten Crowdfunding, auch donation-based Crowdfunding genannt, wird das Geld in Form von Spenden eingesammelt, ohne dass die Unterstützer eine Gegenleistung dafür erhalten. Im Gegensatz zu konventionellen Spenden unterscheidet sich diese Art der Spende dadurch, dass mit dem gespendeten Geld ein einzelnes, ganz konkretes Projekt oder ein bestimmter Zweck unterstützt und finanziert werden soll. Bei den großen humanitären Hilfswerken wird das eingesammelte Geld dagegen für eine Vielzahl an unterschiedlichen Projekten ausgegeben (Sterblich et al. 2015, S. 12). Im Gegensatz zu herkömmlichen Spenden werden die Spender im Detail über das Projekt und den Einsatz der Mittel informiert (Pöltner und Horak 2016, S. 3). Der Anreiz zur Spende ist hierbei das vom Spender als wichtig angesehene Ziel, welches meist einem guten Zweck dient. Das spendenbasierte Crowdfunding kommt häufig bei der Unterstützung gemeinnütziger Einrichtungen, der Entwicklung von Open-Source-Software wie z. B. Wikipedia oder sozialen oder politischen Kampagnen zur Anwendung. Prominentestes Beispiel ist der ehemalige US-amerikanische Präsident Barack Obama, der seinen Wahlkampf zur Präsidentschaftskandidatur 2008 sowie 2012 mithilfe einer spendenbasierten Crowdfunding-Kampagne finanzierte (Orthwein 2014, S. 17). Barack Obama konnte 2008 insgesamt 770 Mio. US$ Wahlkampfspenden einsammeln, von denen 70 % über das Internet kamen. 2012 konnte er mehr als 1 Mrd. US$ Wahlkampfspenden von mehr als 10 Mio. Einzelspendern einsammeln (Sixt 2014, S. 101).

2.2.2 Gegenleistungsbasiertes Crowdfunding

Beim gegenleistungsbasierten Crowdfunding, auch als reward-based Crowdfunding bezeichnet, erhalten die Unterstützer eines Projektes eine nicht monetäre Gegenleistung. Diese Gegenleistung wird „Reward" oder auch „Dankeschön" genannt. Auch andere Begrifflichkeiten wie „Prämie" lassen sich finden. Bei dieser Form des Crowdfundings dient die Erwartung auf Erhalt einer Gegenleistung als Anreiz zur Unterstützung eines Crowdfundings. Diese Gegenleistung kann einen ideellen oder auch einen materiellen Wert haben (Sterblich et al. 2015, S. 13). Beispielsweise kann das zu finanzierende Produkt selbst, welches nach erfolgreicher Crowdfunding-Finanzierung an die Geldgeber kostenlos verteilt oder unter Abzug eines Rabattes verkauft wird, die Gegenleistung sein. Die öffentliche Nennung des Namens des Geldgebers im Zusammenhang mit dem Crowdfunding-Projekt wird häufig bei erfolgreich realisierten Film- und Musikprojekten genutzt. Hierbei wird der Name im Abspann des Films oder im Booklet der CD erwähnt. Viele weitere geldwerte Leistungen wie die kostenfreie Nutzung sind vorstellbar (Orthwein 2014, S. 17).

2.2.3 Kreditbasiertes Crowdfunding

Beim kreditbasierten Crowdfunding, welches auch als Crowdlending oder lending-based Crowdfunding bezeichnet wird, stellt die Crowd das eingezahlte Geld als Darlehen zur Verfügung. Hierbei ist der Darlehensnehmer verpflichtet, das Darlehen innerhalb eines bestimmten Zeitraumes an die Darlehensgeber zurückzuzahlen. Die Darlehensgeber erhalten darüber hinaus Zinsen für das eingezahlte Kapital. Darlehensnehmer können hierbei Privatpersonen oder Unternehmen sein. Die bekanntesten deutschen Plattformen sind „smava" und „auxmoney", bei denen sich Privatpersonen gegenseitig Kredite gewähren. Die Plattform „Zencap" vergibt Kredite an kleine und mittelständische Unternehmen. Das kreditbasierte Crowdfunding wird von den meisten Geldgebern als Kapitalanlage genutzt (Sterblich et al. 2015, S. 12). Es handelt sich beim Crowdlending um eine kurzfristige Geldanleihe über einen Zeitraum von 5 bis 10 Jahren (Orthwein 2014, S. 17).

2.2.4   Crowdinvesting

Beim Crowdinvesting, das auch als equity-based Crowdfunding bekannt ist, wird überwiegend in Unternehmen investiert, die eine Gründungs- oder Wachstumsfinanzierung benötigen. Anders als beim Crowdlending ist die angestrebte Kreditsumme der Gründer meistens sehr viel höher und die Kapitalbindung findet über einen weitaus längeren Zeitraum statt. Die Geldgeber erhalten als Gegenleistung Anteile am unterstützten Unternehmen sowie Zinsen für das eingezahlte Kapital. Darüber hinaus erhält der Geldgeber eine Beteiligung an dem zukünftigen Gewinn des Unternehmens (Sterblich et al. 2015, S. 12). Bei diesem Anteil (engl. „equity") handelt es sich jedoch nicht um „echte" Anteile am Unternehmen. Die Investoren werden somit nicht Gesellschafter und haben auch meist kein Mitbestimmungsrecht. Die bekanntesten deutschen Plattformen in diesem Bereich sind z. B. „Seedmatch" und „Companisto". Auch bei dieser Crowdfunding-Art steht bei den meisten Investoren die Aussicht auf eine Rendite im Vordergrund (Schramm und Carstens 2014, S. 7). Die Kredite der Unterstützer können als Vermögensanlagen in Form von Nachrangdarlehen, partiarischen Nachrangdarlehen, stillen Beteiligungen, Genussrechten oder Aktien vergeben werden (Orthwein 2014, S. 36–41).

2.3   Die Crowdfunding-Akteure

Es gibt drei wesentliche Akteure beim Crowdfunding: den Kapitalsuchenden, die Crowd und die Crowdfunding-Plattform. Nachfolgend werden diese Hauptakteure genauer beleuchtet.

2.3.1   Der Kapitalsuchende

Die Kapitalsuchenden werden auch Initiatoren genannt, da sie diejenigen sind, die das jeweilige Crowdfunding-Projekt initiieren. Beim kreditbasierten Crowdfunding und beim Crowdinvesting heißen sie auch Starter oder Gründer, da diese beiden Crowdfunding-Arten meist von Start-up-Unternehmen genutzt werden (Schramm und Carstens 2014, S. 6). Je nach Art des Crowdfundings finden sich unterschiedliche Begrifflichkeiten. Starter, Gründer, Kreditnehmer usw. sind nur einige davon.

2.3.2 Die Crowd

Der wichtigste Akteur im Crowdfunding-Prozess ist die sogenannte Crowd. Bei der Crowd handelt es sich um die zusammengefasste Gruppe von Menschen, die sich aus unterschiedlichsten Gründen für das jeweilige Crowdfunding-Projekt des Kapitalsuchenden interessiert (Schramm und Carstens 2014, S. 6). Die Crowd setzt sich überwiegend aus Privatpersonen zusammen. Unternehmen können sich ebenfalls darunter befinden, die als Venture-Capital-Gesellschaften in andere Projekte oder Unternehmen investieren. Auch hier finden sich in der Literatur verschiedene Begriffe wieder, die als Synonym für diese Personen genutzt werden. Verbreitet sind hierbei Begriffe wie Investor, Kapitalgeber, Kreditgeber, Geldgeber und Unterstützer.

Diese Unterstützer dienen zudem als Multiplikatoren. Da Crowdfunding fast ausschließlich im Internet stattfindet, können alle interessierten Personen die Nachricht von dem Crowdfunding-Projekt weiter verbreiten. Dies geschieht meist über soziale Medien wie Facebook und Twitter oder über Internetforen. Daher ist es ebenfalls wichtig, dass das Projekt vor allem über diese Kanäle beworben wird (Sterblich et al. 2015, S. 86).

2.3.3 Die Crowdfunding-Plattform

Der Kapitalsuchende und die Crowd begegnen sich im Internet auf einer sogenannten Crowdfunding-Plattform. Dabei handelt es sich um eine Art digitalen Marktplatz, also eine Internet-Plattform, auf der Angebot und Nachfrage zusammentreffen. Die Kapitalsuchenden stellen ihr Projekt auf diesen Plattformen vor. Die Crowd kann auf den Plattformen das jeweilige Crowdfunding-Projekt der Kapitalsuchenden mit ihrem eigenen Kapital unterstützen (Schramm und Carstens 2014, S. 6).

Bei der Auswahl der geeigneten Crowdfunding-Plattform sind einige Dinge zu beachten. Die meisten Plattformen haben sich auf eine Crowdfunding-Art oder auf bestimmte Crowdfunding-Projekte spezialisiert. Einige wenige Plattformen bieten alle Crowdfunding-Arten an (Sixt 2014, S. 77). Daher ist es wichtig, dass der Kapitalsuchende die für sich und sein Projekt geeignete Crowdfunding-Plattform auswählt. Damit wird die richtige Zielgruppe angesprochen und die Wahrscheinlichkeit ist groß, dass das Projekt auch erfolgreich finanziert wird. Es gibt unter anderem Plattformen für Musiker, für wissenschaftliche Projekte, für soziale Projekte, für Autoren und für Sportvereine (Sterblich et al. 2015, S. 65).

Zudem bieten einige Crowdfunding-Plattformen zusätzliche Service- und Unterstützungsleistungen an. Sie haben ein breit aufgestelltes Netzwerk und kooperieren mit Stiftungen, Vereinen sowie öffentlichen und privaten Partnern. Hierdurch können Synergien genutzt werden, die dadurch entstehen, dass sehr viele Projekte und Projektpartner auf einer solchen Plattform zusammentreffen. Es können je nach Angebot zusätzliche Kosten anfallen, die der Kapitalsuchende zahlen muss. Darüber hinaus verlangen die Crowdfunding-Plattformen für ihre Leistung eine Provision, die abhängig von der Fundingsumme berechnet wird. In der Regel wird diese Provision jedoch nur für erfolgreich finanzierte Crowdfunding-Projekte erhoben. Je nach Plattform fällt die Höhe der Provision unterschiedlich aus und liegt bei ca. 6 bis 10 %. Zusätzlich können für die Bezahlmittelanbieter Transaktionskosten anfallen (Sterblich et al. 2015, S. 65 ff.).

Die speziellen Plattformen sind somit eine große Hilfe bei der Umsetzung von Crowdfunding-Projekten. Es besteht jedoch auch die Möglichkeit, ein Crowdfunding-Projekt über die eigene Homepage des Kapitalsuchenden durchzuführen. Da der gesamte Arbeitsaufwand, den die Plattformen normalerweise übernehmen, hierbei jedoch durch den Kapitalsuchenden übernommen werden muss, ist von dieser Variante abzuraten (Sterblich et al. 2015, S. 70). Zudem ist die Nutzung einer Crowdfunding-Plattform meist die finanziell günstigere Alternative, wie Crowdfunding-Experte David Röthler zu bedenken gibt.

2.4 Die Prinzipien im Crowdfunding

Beim Crowdfunding sind drei wesentliche Prinzipien zu beachten. Das „Alles-oder-nichts-Prinzip", das „Gegenleistungsprinzip" und das „Transparenzprinzip".

2.4.1 Das Alles-oder-nichts-Prinzip

Das Kapital, das während der Crowdfunding-Kampagne von der Crowd eingesammelt wurde, wird erst an den Kapitalsuchenden ausgezahlt, wenn das Fundingziel mindestens zu hundert Prozent erreicht ist. Das Fundingziel ist innerhalb eines fest definierten Zeitraums zu erreichen. Alles, was über das Fundingziel hinaus eingesammelt wird, steht dem Kapitalsuchenden ebenfalls voll und ganz zur Verfügung.

Wird das Fundingziel nicht komplett erreicht, wird das bisher eingesammelte Geld an die Crowd zurückgezahlt und jeder Unterstützer erhält sein eingezahltes Kapital wieder. Auf diese Weise wird sichergestellt, dass das Crowdfunding-Projekt auch in der vom Kapitalsuchenden versprochenen Qualität umgesetzt werden kann. Andererseits schützt es den Kapitalsuchenden davor, dass er die versprochene Gegenleistung erbringen muss, ohne dass er das gesamte Kapital erhalten hat, welches er für die Umsetzung des Projekts benötigt (Sterblich et al. 2015, S. 16). Für die Unterstützer bietet dieses Prinzip den Schutz ihrer eingezahlten Gelder. Dies ist wichtig, da der Erfolg eines Crowdfunding-Projekts vom Erreichen des Fundingziels abhängt. Wird die Finanzierungssumme nicht erreicht, kann das Projekt nicht umgesetzt werden und die Unterstützer würden ohne diese Sicherheit ihr eingezahltes Geld verlieren (Schneider 2014, S. 27).

Abweichend vom „Alles-oder-nichts-Prinzip" besteht die Möglichkeit, den bisher eingezahlten Betrag für das Projekt zu verwenden, auch wenn das Fundingziel über den fest definierten Zeitraum nicht erreicht worden ist. Das sogenannte „Nimm-was-du-kriegen-kannst-Prinzip" ist bei bestimmten Plattformen möglich. Das bedeutet, dass man bei diesen Plattformen ein flexibles Finanzierungsziel setzen kann. Hierbei dient die Finanzierungssumme als Richtwert und Anhaltspunkt für die Crowd. Dieses Prinzip wird meistens beim spendenbasierten Crowdfunding angewendet, da hier sehr häufig ein gemeinnütziges Projekt finanziert werden soll, bei dem keine bestimmte Summe für die Erstellung der Leistung benötigt wird (Sterblich et al. 2015, S. 63).

Das „Alles-oder-nichts-Prinzip" hat einen positiven emotionalen Einfluss auf die Unterstützer. Die Crowd soll hierdurch das Gefühl erhalten, dass das festgelegte Ziel nur gemeinsam zu erreichen ist und dass jeder einzelne Beitrag wichtig ist (Sixt 2014, S. 65 f.).

Es muss nicht die gesamte notwendige Finanzierungssumme über ein Crowdfunding eingesammelt werden. Eine weitere Möglichkeit ist, nur einen Teil der Summe über Crowdfunding einzusammeln und diesen mit Fördergeldern, Zuweisungen, Sponsoring oder Stiftungsgeldern zu kombinieren. Das kann vor allem bei kulturellen Projekten von Vorteil sein. Diese Form wird als Co-Funding (Sterblich et al. 2015, S. 140) bezeichnet.

2.4.2 Das Gegenleistungsprinzip

Jeder Unterstützer des Crowdfunding-Projekts erhält eine Gegenleistung für das von ihm eingesetzte Kapital. Bei der Art der Gegenleistung gibt es grundsätzlich keine Grenzen. Die Gegenleistung kann ideeller, materieller oder monetärer Natur sein (Sterblich et al. 2015, S. 140). Zudem stellt die in Aussicht gestellte Gegenleistung für viele potenzielle Unterstützer einen großen Anreiz dar, in ein Projekt zu investieren (Harzer 2013, S. 87). Die Gegenleistung kann auch gestaffelt werden. Ab einem bestimmten Betrag erhält ein Unterstützer eine größere Gegenleistung als jemand, der nur einen kleineren Betrag investiert. Dabei sollte das Aufwand-Nutzen-Verhältnis beachtet werden (Sterblich et al. 2015, S. 149).

2.4.3 Das Transparenzprinzip

Das gesamte Projekt muss der Crowd so transparent wie möglich vermittelt werden. Von der Planung über den Stand der Finanzierung bis zur Realisation des Projekts muss der Kapitalsuchende die Crowd stetig informieren. Dies schafft Vertrauen, und eine große Öffentlichkeit wird hierdurch erreicht (Sterblich et al. 2015, S. 17). Eventuell auftretende Probleme sollten der Crowd klar kommuniziert werden. Lösungswege sollten explizit dargestellt und negativen Behauptungen sollte aktiv begegnet werden (Sterblich et al. 2015, S. 179 f.).

Ablauf einer Crowdfunding-Kampagne 3

Die Crowdfunding-Kampagne ist der zentrale Prozess bei einem Crowdfunding-Projekt. Hierbei wird das Projekt über eine Crowdfunding-Plattform veröffentlicht und vorgestellt. Die Laufzeit der Kampagne erstreckt sich über den gesamten Zeitraum vom Beginn der Veröffentlichung bis zur Erreichung des Fundingziels, also dem Erreichen oder auch Nichterreichen der Zielsumme (Sterblich et al. 2015, S. 17).

Der Ablauf einer Crowdfunding-Kampagne gestaltet sich unabhängig von der jeweiligen Crowdfunding-Art immer gleich und gliedert sich in die folgenden Phasen: Vorbereitungsphase, Bewerbungsphase, Startphase, Fundingphase, Abschluss der Kampagne, Betreuungsphase. Diese Phasen einer Crowdfunding-Kampagne werden in der Literatur unterschiedlich beschrieben und sind nicht eindeutig festgelegt.

3.1 Vorbereitungsphase

Bevor mit der eigentlichen Crowdfunding-Kampagne begonnen werden kann, müssen zunächst alle Projektunterlagen zusammengestellt werden. Die verschiedenen Crowdfunding-Plattformen bieten auf ihren Internetseiten eine genaue Beschreibung, um welche Unterlagen es sich dabei handelt. Diese müssen der jeweiligen Plattform zur Verfügung gestellt werden (Beck 2014, S. 20). Danach erfolgt die Auswahl der für das Projekt passenden Crowdfunding-Plattform, auf der das Crowdfunding-Projekt veröffentlicht werden soll. Im Abschn. 2.3.3 wird geschildert, was bei der Auswahl einer Crowdfunding-Plattform zu beachten ist.

© Springer Fachmedien Wiesbaden GmbH 2017   15
K. Assenmacher, *Crowdfunding als kommunale Finanzierungsalternative*,
essentials, DOI 10.1007/978-3-658-17153-7_3

3.2   Bewerbungsphase

Ist die geeignete Plattform gefunden, muss der Kapitalsuchende sich dort bewerben. Die eingereichten Unterlagen und Informationen über das geplante Crowdfunding-Projekt werden bei der Crowdfunding-Plattform einer Prüfung unterzogen. Für diese Prüfung und Auswahl der Projekte hat jede Plattform ihre eigenen Kriterien und Vorgehensweisen entwickelt. Auf dieser Grundlage führen einige Plattformen eine Vorauswahl der Projekte durch, was dazu führen kann, dass nicht jedes Projekt veröffentlicht wird. Dies soll die interessierte Crowd vor Fehlinvestitionen schützen. Bei anderen Plattformen wird jedes Projekt veröffentlicht oder die Auswahl wird der Crowd überlassen. Bei der Auswahl durch die Crowd handelt es sich um einen sogenannten „Crowdrating-Prozess". Hierbei erfolgt eine Bewertung des jeweiligen Projekts durch die Crowd und erst nach dem Erreichen einer vorher festgelegten Anzahl an positiven Bewertungen wird das Crowdfunding-Projekt veröffentlicht (Sixt 2014, S. 61).

3.3   Startphase

Das Projekt wird, nachdem es von der Plattform akzeptiert wurde, auf der Crowdfunding-Plattform veröffentlicht. Der Kapitalsuchende muss dann eine genaue Projektbeschreibung anfertigen und das exakte Fundingziel ist festzulegen. Auch die Art der Gegenleistung muss definiert werden. Die Präsentation wird meist durch ein kurzes Video, das sogenannte „Pitch-Video", unterstützt (Sixt 2014, S. 61).

3.4   Fundingphase

Während der Fundingphase kann sich nun jeder Interessierte genauestens über das veröffentlichte Projekt informieren und sich beteiligen. Um so viele Unterstützer wie möglich zu generieren, muss der Kapitalsuchende umfangreiche Werbemaßnahmen ergreifen. Die interessierten Investoren dienen dabei als Multiplikatoren und sollten bereits vor dem Start der Kampagne informiert werden. Informationen können über Projektblogs, soziale Netzwerke und persönliche E-Mails ausgetauscht werden (Gumpelmaier 2013, S. 14 f.). Natürlich kann die Zielgruppe auch „offline" über konventionelle Medien wie beispielsweise Zeitungsannoncen, Plakate und Flyer angesprochen werden (Harzer 2013, S. 88). Besonderer Wert sollte jedoch auf die Online-Akquise gelegt werden, da sich der Crowdfunding-Prozess vorrangig im Internet abspielt. Hierbei sollten vor allem die eigenen Social-Media-Kanäle genutzt werden. Diese verursachen so gut wie keine Kosten und haben eine große Reichweite. Darüber hinaus muss der Kapitalsuchende die Unterstützer laufend über das Projekt und den Fortschritt informieren (Sixt 2014, S. 62).

3.5 Abschluss der Kampagne

Mit dem Erreichen des Fundingziels endet die Crowdfunding-Kampagne. Das eingesammelte Kapital wird, nach Abzug der Erfolgsprovision für die Plattform, an den Kapitalsuchenden ausgezahlt. Sollte das Fundingziel nicht erreicht werden, greift das Alles-oder-nichts-Prinzip (siehe Abschn. 2.4.1) und das Geld wird an die Unterstützer zurückgezahlt (Sixt 2014, S. 62). Sollte das Projekt über eine Crowdfunding-Plattform mit dem „Nimm-was-du-kriegen-kannst-Prinzip" (siehe Abschn. 2.4.1) finanziert worden sein, so wird das bis zum Ende der Laufzeit eingesammelte Geld an den Kapitalsuchenden ausgezahlt.

3.6 Betreuungsphase

Nach erfolgreichem Abschluss eines Crowdfunding-Projekts ist jedoch noch nicht Schluss. Wurde das Fundingziel erreicht und das Kapital an den Kapitalsuchenden ausgezahlt, beginnt im Anschluss die Betreuungsphase. Diese Phase ist eine sehr bedeutende Phase für beide Seiten. Es findet zwischen der Crowd und dem Projektinhaber eine weitere Kommunikation statt. Hierbei wird die Crowd weiterhin über den Projektverlauf informiert (Sixt 2014, S. 62). Außerdem ist der Projektinhaber nun in der Pflicht. Er muss die versprochene Gegenleistung an die Crowd weitergeben.

Erfolgsfaktoren im Crowdfunding 4

Damit ein Crowdfunding erfolgreich verlaufen kann, sind bestimmte Faktoren zu berücksichtigen, die im Folgenden beschrieben werden.

4.1 Laufzeit einer Crowdfunding-Kampagne

Die empfohlene Laufzeit einer Crowdfunding-Kampagne beträgt zwischen 30 und 60, maximal 90 Tage. Während dieses Zeitraums hat die Crowd die Möglichkeit, sich an dem Crowdfunding-Projekt zu beteiligen. Bei einer längeren Laufzeit würde die Bereitschaft der Crowd, sich zu beteiligen, sinken und das Interesse würde nachlassen (Eisfeld-Reschke 2014, S. 228 f.).

4.2 Konzept

Das Crowdfunding-Konzept muss realisierbar und wirtschaftlich sein. Es muss verständlich und umfassend beschrieben werden. Im Idealfall sollte ein Pitch-Video die konzeptionelle Beschreibung ergänzen (Orthwein 2014, S. 44 f.).

4.3 Kalkulation

Neben der gesamten Projektplanung stellt natürlich auch die Finanzplanung einen entscheidenden Faktor dar. In die Fundingsumme, die mindestens erreicht werden muss, sollten alle zusätzlichen Kosten mit einkalkuliert werden, beispielsweise Kosten für die Plattform, die Gegenleistung und Marketingmaßnahmen sowie ggf. anfallende Steuern (Orthwein 2014, S. 45).

© Springer Fachmedien Wiesbaden GmbH 2017
K. Assenmacher, *Crowdfunding als kommunale Finanzierungsalternative*,
essentials, DOI 10.1007/978-3-658-17153-7_4

4.4   Kommunikation

Einer der wichtigsten Erfolgsfaktoren beim Crowdfunding ist die Kommunikation mit der Crowd. Diese Kommunikation erfolgt nicht einseitig vom Kapitalsuchenden zur Crowd, sondern wechselseitig. Die Kommunikation läuft vorrangig über das Internet und die sozialen Medien ab. Zudem sollten Crowdfunding-Foren, -Blogs und entsprechende plattformeigene Kanäle genutzt werden. Klassisch sollte auch der Kontakt über E-Mail und Telefon ermöglicht werden. Auch sehr nützlich können Events sein, die der Kapitalsuchende für die interessierte Crowd veranstaltet. Hier wird auf einen Schlag eine große Anzahl an Personen erreicht. Dabei ist nicht nur wichtig, dass die Crowd laufend über den Fortschritt des Projekts informiert wird, sondern auch, dass einzelne Fragen bezüglich des Projekts oder der Initiatoren beantwortet werden. Je enger der Kontakt zum Kapitalsuchenden, desto stärker ist das Vertrauen der Crowd in die Person des Kapitalsuchenden und das Projekt (Sterblich et al. 2015, S. 176–180).

Crowdfunding als kommunale Finanzierungsalternative

5

Nachdem in den vorigen Kapiteln Crowdfunding im Allgemeinen erläutert wurde, wird nachfolgend der Frage nachgegangen, ob sich Crowdfunding als Finanzierungsalternative für Kommunen eignet. Im kommunalen Bereich ist Crowdfunding auch unter dem Begriff „Civic Crowdfunding" bekannt und beschreibt bürgerliches (engl. „civic") Crowdfunding. Bekannt ist das kommunale Crowdfunding in Deutschland unter dem Begriff „Bürgerkredit". Die Bürger geben einer Kommune hierbei einen Kredit, der es ermöglicht, Projekte der eigenen Stadt finanziell zu unterstützen, was dem Crowdlending entspricht.

Der Ablauf einer kommunalen Crowdfunding-Kampagne entspricht dem in Kap. 3 beschriebenen Ablauf. Jedoch erschweren die kommunalrechtlichen Vorschriften die Durchführung einer Crowdfunding-Kampagne. Unter Abschn. 5.1 wird daher zunächst auf die rechtlichen Rahmenbedingungen eingegangen, die Kommunen beachten müssen.

5.1 Rechtliche Rahmenbedingungen

Wie alle Finanzierungsgeschäfte unterliegt auch Crowdfunding bestimmten Vorschriften. Damit eine Kommune ein Crowdfunding-Projekt initiieren darf, muss sie bestimmte gesetzliche und aufsichtsrechtliche Vorgaben erfüllen. Diese umfassen u. a. die Legitimation der politischen Führung sowie der ordnungsmäßigen Einbindung in den kommunalen Haushalt.

Im Bereich des Crowdfundings können je nach Ausgestaltung der Crowdfunding-Möglichkeiten unterschiedliche Gesetze zur Anwendung kommen. Die wichtigsten sind in diesem Zusammenhang das Kreditwesengesetz (KWG), das Zahlungsdiensteaufsichtsgesetz (ZAG), das Vermögensanlagengesetz (VermAnlG)

© Springer Fachmedien Wiesbaden GmbH 2017
K. Assenmacher, *Crowdfunding als kommunale Finanzierungsalternative*,
essentials, DOI 10.1007/978-3-658-17153-7_5

und das Wertpapierprospektgesetz (WpPG) (Begner 2012, S. 12). Darüber hinaus spielen das Verbraucher- und das Vertragsrecht eine Rolle, die sich u. a. in Form der AGB der Plattformbetreiber widerspiegeln (Orthwein 2014, S. 35). Außerdem soll nicht unerwähnt bleiben, dass Crowdfunding ebenfalls, wie jede konventionelle Finanzierungsform auch, steuerrechtliche Konsequenzen nach sich zieht, die im Einzelfall geklärt werden sollten. Eine steuerrechtliche Beratung sollte in jedem Fall in Anspruch genommen werden (Schneider 2014, S. 64 f.). Auf steuerrechtliche Regelungen kann aufgrund der Besonderheiten sowie des engen Rahmens dieses *essentials* nicht eingegangen werden.

5.1.1 Gesetzliche und aufsichtsrechtliche Vorschriften

In Deutschland unterliegen Finanzdienstleistungen und Bankgeschäfte gem. § 32 Abs. 1 Satz 1 KWG der Erlaubnispflicht. Das bedeutet, wer o. g. Dienstleistungen und Geschäfte erbringen möchte, benötigt die Erlaubnis der BaFin. Unter den Begriff Bankgeschäfte fällt gem. § 1 Abs. 1 Satz 2 KWG u. a. die Annahme fremder oder anderer unbedingt rückzahlbarer Gelder. Dies stellt somit ein Einlagengeschäft dar. Um Einlagengeschäfte betreiben zu dürfen, ist eine Banklizenz notwendig, die Kommunen nicht erhalten. Aus diesem Grund muss die Kommune für Crowdlending und Crowdinvesting-Projekte eine Bank zwischen sich und den Bürger schalten. Diese Bank übernimmt alle Finanzdienstleistungen. Sie sammelt die Gelder ein, verwaltet diese und zahlt die Zins- und Tilgungsbeträge an die Bürger aus. Zwischen der Bank und der Kommune wird hierbei ein Kommunaldarlehensvertrag abgeschlossen und zwischen den Bürgern und der Bank wird ein Bürgerkreditvertrag geschlossen. Der Bürger erwirbt hierbei die Kreditforderung, die aus dem Vertrag zwischen der Bank und der Kommune entsteht.

Sofern Zahlungsdienste gem. § 1 Abs. 2 ZAG abgewickelt werden sollen, wird ebenfalls eine Erlaubnis der BaFin benötigt. Kommunen sind gem. § 1 Abs. 1 Nr. 3 ZAG von der Erlaubnispflicht ausgenommen, da sie kraft Gesetz bereits als Zahlungsdienstleister gelten, soweit sie nicht hoheitlich handeln.

Das Vermögensanlagengesetz schränkt die Möglichkeiten beim Crowdinvesting erheblich ein. Das Gesetz schreibt die Erstellung eines Verkaufsprospekts vor, sofern das Finanzierungsvolumen die 100.000 EUR-Grenze überschreitet. Dies ist vor allem für die Gründer ein Problem, die meist mehr als 100.000 EUR für ihr Start-up-Unternehmen benötigen. Ein weiteres Problem hierbei sind die erheblich hohen Kosten bei der Erstellung eines solchen Prospekts. Um Rechtssicherheit zu erhalten, muss mit Kosten von mehr als 20.000 EUR gerechnet werden. Gem. § 8 VermAnlG muss dieses Prospekt zudem von der BaFin überprüft und genehmigt werden. Erst danach darf es veröffentlicht werden (Beck 2014, S. 42–47). Gem. § 2 Abs. 7 b VermAnlG sind Gebietskörperschaften von dieser Regelung befreit. Das bedeutet, dass Kommunen kein Prospekt erstellen müssen. Dies erleichtert die Finanzierung über Crowdfunding erheblich.

Sollte die Kommune im Rahmen eines Crowdinvestings Wertpapiere emittieren wollen, so entfällt auch hier nach § 1 Abs. 2 Nr. 2 WpPG die Pflicht zur Erstellung eines Wertpapierprospekts. Es sei denn, es handelt sich um kommunale Unternehmen. Diese unterliegen der Prospektpflicht nach WpPG und VermAnlG.

5.1.2 Haushaltsrechtliche Vorschriften

Grundsätzlich besitzen Gemeinden nach Art. 28 Abs. 2 GG das Recht auf Selbstverwaltung. Dies umfasst u. a. die Finanzhoheit. Daraus resultiert für Kommunen eine finanzielle Eigenverantwortung. Das bedeutet, dass sie in der Wahl der Finanzmittelbeschaffung eigenverantwortlich agieren können.

Konkretisiert wird dies in § 75 Abs. 1 GO NRW. Dort heißt es, dass Kommunen ihre Haushaltswirtschaft so zu planen haben, dass die stetige Aufgabenerfüllung gewährleistet ist. Wirtschaftlichkeit, Effizienz und Sparsamkeit sind hierbei zu beachten. Die weiteren Grundsätze der Finanzmittelbeschaffung regelt § 77 GO NRW. Daraus lässt sich ableiten, dass die Kommunen zur Finanzmittelbeschaffung Steuern, Gebühren und Beiträge erheben und gemäß § 77 Abs. 3 GO NRW ergänzend Kredite aufnehmen können, sofern Finanzierungsalternativen nicht zur Verfügung stehen oder nicht wirtschaftlich wären. Daraus lässt sich schlussfolgern, dass andere Alternativen der Finanzmittelbeschaffung genutzt werden dürfen. Crowdfunding stellt eine solche Finanzierungsalternative dar. Je nach Crowdfunding-Art kann sie auch wirtschaftlicher durchgeführt werden als die Kreditaufnahme. Wie bei jeder konventionellen Kreditaufnahme, die für investive Maßnahmen gebraucht wird, muss auch bei Crowdfunding-Projekten, die eine Investition nach sich ziehen, der Rat entscheiden. Außerdem ist dies im Haushaltsplan zu berücksichtigen. Gem. § 80 Abs. 5 GO NRW ist die vom Rat beschlossene Haushaltssatzung der Aufsichtsbehörde anzuzeigen. Hierdurch erhält eine Crowdfunding-Kampagne die notwendige politische Legitimation.

Kredite dürfen gemäß § 86 GO NRW nur für Investitionen und Umschuldungen aufgenommen werden. Da es sich beim spendenbasierten und beim gegenleistungsbasierten Crowdfunding nicht um eine Kreditaufnahme handelt, bleibt der § 86 GO NRW für diese beiden Varianten unbeachtlich. Beim Crowdlending und Crowdinvesting handelt es sich um kreditähnliche Geschäfte, und sie sind daher den Regelungen des § 86 GO NRW unterworfen. Projekte, die durch

Crowdlending oder Crowdinvesting finanziert werden, müssen somit in die Haushaltssatzung aufgenommen werden.

5.2   Buchungstechnische Abwicklung der eingezahlten Gelder

Die Kommune hat auch bei Crowdfunding-Projekten die Vorschriften des § 27 GemHVO zu beachten. Dies schließt die Grundsätze der ordnungsgemäßen Buchführung ein. Bei jeder Art des Crowdfundings werden Gelder von Bürgern eingezahlt und sind daher entsprechend zu buchen. Jede Crowdfunding-Art hat einen anderen rechtlichen Charakter. Je nachdem zählen die eingezahlten Gelder zum Eigen- oder Fremdkapital. Dies soll im Folgenden genauer erläutert werden.

5.2.1   Spenden- und gegenleistungsbasierte Crowdfunding-Gelder

Beim spendenbasierten Crowdfunding besitzen die Gelder einen ähnlichen Charakter wie bei normalen Spendengeldern, die regelmäßig von den Bürgern für kommunale Projekte aufgewendet werden. Hierfür ist somit, wie bei Spenden üblich, ein Sonderposten zu bilden, der sich bilanztechnisch gemäß § 41 Abs. 3 GemHVO unter der Position des Eigenkapitals befindet. Daraus folgt, dass der Sonderposten gemäß § 43 Abs. 5 GemHVO entsprechend der Abschreibung der getätigten Investition aufzulösen ist. Beim gegenleistungsbasierten Crowdfunding gilt das gleiche Prinzip wie beim spendenbasierten Crowdfunding. Daher werden die Gelder, die über ein gegenleistungsbasiertes Crowdfunding eingesammelt werden, ebenfalls als Sonderposten unter Eigenkapital gebucht.

Die nichtmonetäre Gegenleistung wird entsprechend als Aufwand gebucht. Handelt es sich beispielsweise um ein Schild am Projektort, auf das alle Namen der Unterstützer geprägt sind, kann dieses Schild dem Anlageobjekt zugeordnet werden und wird nach § 33 GemHVO entsprechend dem Wert mit ins Anlagevermögen aufgenommen. Wird dagegen eine Urkunde ausgestellt oder eine Zeitungsanzeige gedruckt, handelt es sich eindeutig um Aufwand und ist in der Ergebnisrechnung zu berücksichtigen.

5.2.2 Crowdlending-Gelder

Das kreditbasierte Crowdfunding wird wie ein kreditähnliches Rechtsgeschäft behandelt, da es sich um kleine Kredite bzw. Darlehen handelt, die von den Bürgern gewährt werden. Aus diesem Grund werden diese Gelder im Fremdkapital als Verbindlichkeiten gebucht.

Da es Kommunen untersagt ist, Bankgeschäfte zu tätigen, kann die Gesamtfinanzierungssumme wie ein normaler Kommunalkredit als Verbindlichkeit gebucht werden. Die Zins- und Tilgungsleistung an die Bürger wird über das Kreditinstitut abgewickelt. Aus diesem Grund werden die Zins- und Tilgungsbeträge an das Kreditinstitut abgeführt, welches daraufhin die Zinsen und die Tilgungsbeträge an die jeweiligen Bürger weiterleitet. Die Zinsen sind hierbei als Aufwand zu buchen.

5.2.3 Crowdinvesting-Gelder

Beim Crowdinvesting handelt es sich um Anteile, die die Bürger an einer Unternehmung erwerben. Als Gegenleistung erhalten die Bürger Aktien oder Genussscheine. Dadurch erhalten sie jährlich eine Dividende bzw. Erfolgsbeteiligung. Diese Variante ist für eine Stadtverwaltung nicht durchführbar, da ein Bürger an einer Stadt selbst keine Anteile erwerben kann. Bürger können sich aber an städtischen Unternehmen und städtischen Tochtergesellschaften beteiligen. Diese Beteiligungen werden dann als Eigenkapital oder Fremdkapital verbucht.

Genussscheine bzw. Genussrechte gelten als Fremdkapital mit Eigenkapitalcharakter, sogenanntes Mezzanine-Kapital. Der Inhaber dieser Genussscheine erhält eine gewinnabhängige Vergütung seines Kapitaleinsatzes und eine Beteiligung am Liquidationserlös. Stimmrechte sind jedoch ausgeschlossen (Orthwein 2014, S. 39).

Bei Aktien werden Anteile am Eigenkapital des Unternehmens verbrieft. Die Ausgabe von Aktien wird als Emission bezeichnet. Der Aktienanteil bleibt immer gleich und kann an einer Wertpapierbörse oder außerbörslich gehandelt werden. Mitspracherecht können Aktionäre in der Hauptversammlung ausüben (Orthwein 2014, S. 40).

5.3 Kosten einer kommunalen Crowdfunding-Kampagne

Bei einer Crowdfunding-Kampagne fallen grundsätzlich Kosten an. Die Höhe der Kosten kann jedoch variieren. Das liegt unter anderem daran, welche Crowdfunding-Plattform genutzt wird, da die Höhe der Provision für die Plattformen unterschiedlich ist (siehe Abschn. 2.3.3). Zudem hängen die Kosten davon ab, welche Gegenleistung gewählt wird und welche Marketingmaßnahmen durchgeführt werden. Darüber hinaus spielen auch die Personalkosten und andere Transaktionskosten eine Rolle. Die nachfolgenden Punkte sollen einen Überblick darüber geben, welche Kostenpositionen bei einer Crowdfunding-Kampagne anfallen können. Diese Auflistung ist nicht abschließend.

5.3.1 Projektkosten

Zu den Projektkosten zählen alle Kosten, die im direkten Zusammenhang mit dem Projekt entstehen. Das sind z. B. Herstellungskosten, Materialkosten, Miete, Pacht usw. (Sterblich et al. 2015, S. 130 f.).

5.3.2 Provisionen und Servicekosten

Wie bereits in Abschn. 2.3.3 beschrieben, fallen Kosten bei der Nutzung von Crowdfunding-Plattformen an. Die meisten Plattformen verlangen für die Nutzung eine Provision zwischen 6 und 10 % des Fundingziels. Zusätzlich können bestimmte Service-, Beratungs- und Unterstützungsleistungen in Anspruch genommen werden, die von Plattform zu Plattform variieren und meist extra gezahlt werden müssen.

Für die Durchführung eines kommunalen Crowdfunding-Projekts eignet sich besonders eine Crowdfunding-Plattform, die sich auf kommunale Projekte spezialisiert hat. Bei einem kommunalen kreditbasierten Crowdfunding-Projekt eignet sich die Crowdfunding-Plattform LeihDeinerStadtGeld (siehe Abschn. 5.4.1). Der große Vorteil bei der Nutzung dieser Plattform liegt darin, dass die Nutzung sowie alle zusätzlichen Serviceleistungen kostenlos zur Verfügung stehen. Somit entstehen der Kommune keine Kosten (siehe Abschn. 5.4).

5.3.3 Kosten für die Gegenleistung

Je nach Crowdfunding-Art fallen bei der Gegenleistung unterschiedliche Kosten an. Beim Crowdinvesting fallen neben Zins- und Tilgungsleistungen auch Kosten für die Erfolgsbeteiligung an. Zudem bedeuten diese regelmäßigen Zahlungen einen laufenden buchhalterischen Aufwand. Über den gesamten Beteiligungszeitraum muss zudem immer ein Ansprechpartner zur Verfügung stehen.

Beim Crowdlending fallen Zins- und Tilgungsleistungen über einen feststehenden Zeitraum zwischen 5 und 10 Jahren an. Auch hier entstehen jährlich Kosten für den Geldtransfer. Bei dieser Variante ist die Kostenkalkulation auf absehbare Zeit durchführbar.

Im Gegensatz zu den Crowdfunding-Arten im Investmentbereich fallen beim gegenleistungsbasierten Crowdfunding Kosten in Höhe der jeweiligen Gegenleistung selbst an. Dies sind in der Regel überschaubare Kosten. Werden die Namen der Unterstützer in einer Zeitungsanzeige veröffentlicht, so fallen die Kosten für diese Anzeige an. Erhalten die Unterstützer eine Vergünstigung für bestimmte Leistungen, so muss diese Vergünstigung als Kostenfaktor berücksichtigt werden, da diese Rabatte die Einnahmen schmälern.

Beim spendenbasierten Crowdfunding fallen grundsätzlich keine Kosten für Gegenleistungen an, da es hier keine Gegenleistung gibt. Jedoch muss in Betracht gezogen werden, dass dem jeweiligen Spender ggf. eine Spendenquittung ausgestellt werden muss. Dies wiederum bedeutet Aufwand und somit Kosten.

5.3.4 Personalkosten und Honorare

Bei der Planung, Durchführung und Kontrolle der gesamten Crowdfunding-Kampagne bzw. des Crowdfunding-Projekts entstehen Personalkosten. An erster Stelle stehen die eigenen Personalkosten, die innerhalb der Stadtverwaltung verursacht werden. Die Personalkosten für die Mitarbeiter der Stadtverwaltung, die bei der Umsetzung des Projekts beteiligt sind, sind hierbei zu berücksichtigen und ggf. anteilig dem Projekt zuzuordnen. Durch die interne Leistungsverrechnung werden Kosten dort zugeordnet, wo sie entstanden sind. Aus diesem Grund stellt die Zuordnung der Personalkosten zu dem Projekt kein Problem dar.

Unterstützen externe Dienstleister die Umsetzung des Projekts, entstehen hierbei Honorarkosten. Externe Dienstleister sollten nur eingesetzt werden, wenn beispielsweise notwendiges Fachwissen fehlt oder Aufgaben zu bewältigen sind, die von den eigenen Mitarbeitern nicht übernommen werden können.

5.3.5 Transaktionskosten

Unter Transaktionskosten versteht man Kosten, die bei der Durchsetzung vertraglicher Ansprüche und Pflichten entstehen. Transaktionskosten sind beispielsweise Geschäftsanbahnungskosten, Verhandlungs- und Anwaltskosten, Vertragsabschlusskosten, Informationskosten und Abwicklungskosten. Außerdem entstehen Transaktionskosten bei der Transaktion von Finanzmitteln (Mittermeier 2016). Je nach Bezahlmittelanbieter können diese Kosten unterschiedlich hoch ausfallen.

5.3.6 Marketingkosten

Marketingkosten und Kosten für die Öffentlichkeitsarbeit fallen nicht nur vor und während des eigentlichen Crowdfunding-Prozesses an, sondern auch hinterher. Im Vorfeld einer Crowdfunding-Kampagne muss auf diese aufmerksam gemacht werden, um so viele Unterstützer wie möglich akquirieren zu können. Während der Finanzierungsphase muss die Crowd laufend mit Informationen über den aktuellen Stand der Crowdfunding-Kampagne versorgt werden. Wenn die Crowdfunding-Kampagne erfolgreich abgeschlossen wurde, muss die Crowd über die tatsächliche Umsetzung weiterhin informiert werden. Marketing und Öffentlichkeitsarbeit nehmen somit viel Zeit und Geld in Anspruch. Hier bleibt anzumerken, dass der überwiegende Teil der Kommunikation mit der Crowd über soziale Medien im Internet stattfindet. Facebook, Twitter, Blogs und die eigene Homepage sind nur einige Kanäle, die genutzt werden sollten. Das bedeutet, dass die Kosten sehr gering gehalten werden können, da diese Art der Kommunikation sehr günstig, teilweise sogar kostenlos ist. Jede Form der Printwerbung, bspw. Flyer, Anzeigen usw., ist jedoch mit Kosten verbunden, die berücksichtigt werden müssen (Sterblich et al. 2015, S. 132).

5.4   Crowdfunding-Plattformen für kommunale Projekte

Speziell für kommunale Crowdfunding-Projekte haben sich zwei Plattformen auf dem deutschen Crowdfunding-Markt gegründet. Die Portale „LeihDeinerStadtGeld" und „Place2Help" bieten Bürgern die Möglichkeit, kommunale Crowdfunding-Projekte finanziell zu unterstützen. Deutsche Kommunen haben die Möglichkeit, ihre Projekte auf diesen Plattformen zu präsentieren und diese durch die Bürger finanzieren zu lassen. Nachfolgend werden die beiden Plattformen vorgestellt.

5.4.1 LeihDeinerStadtGeld

LeihDeinerStadtGeld bietet sich den Kommunen als Finanzdienstleister im Bereich des kreditbasierten Crowdfundings, des Crowdlendings, an. Die Plattform berät Kommunen bei der Festlegung der Bürgerkreditkonditionen, wie Kreditlaufzeit, Zinsniveau und Tilgungshöhe, wobei die Kommune diese Parameter alle selbst festlegen kann. Auch die notwendigen Vertragsunterlagen werden vom Portal zur Verfügung gestellt. Des Weiteren übernimmt LeihDeinerStadtGeld bei kommunalen Projekten die Vermarktung, Abwicklung und Administration. Das erspart den Kommunen zusätzliche administrative Aufgaben.

Bei der Vermarktung des kommunalen Crowdfunding-Projekts unterstützt LeihDeinerStadtGeld die Kommunen mit individualisierten Flyern, Plakaten, Bannern und redaktionellen Beiträgen zur Veröffentlichung in Online- oder Printmedien. Auch die Gestaltung auf der Plattform wird individuell auf die Wünsche der Kommune angepasst. So ist eine optimale Ansprache an die Bürger möglich.

Die Abwicklung der kommunalen Crowdfunding-Kampagne erfolgt über die eigene Crowdfunding-Plattform von LeihDeinerStadtGeld. Die Daten der Unterstützer werden hierbei unter Beachtung der aktuellen Datenschutzrichtlinien verschlüsselt übertragen. Auf Wunsch fertigt LeihDeinerStadtGeld auch physische Formulare an, die der Bürger handschriftlich ausfüllen kann. Diese Formulare werden dann von LeihDeinerStadtGeld digitalisiert verarbeitet.

Die gesamte Administration, von der Verwaltung der Bürgerkreditanträge und der Benutzerkonten bis hin zur Auszahlung von Zins- und Tilgungsleistungen, wird von LeihDeinerStadtGeld übernommen. Darüber hinaus steht LeihDeinerStadtGeld als Ansprechpartner für alle interessierten Bürger zur Verfügung. Damit wird der Betreuungsaufwand reduziert und die Kommunen werden weiter entlastet.

Der große Vorteil für Kommunen liegt darin, dass der gesamte Service von LeihDeinerStadtGeld den Kommunen kostenlos zur Verfügung steht. Darüber hinaus ist der Aufwand der Kommunen relativ gering, da die gesamte Administration von LeihDeinerStadtGeld übernommen wird. Somit wird die Wirtschaftlichkeit gesteigert und erreicht das Niveau eines konventionellen Kommunalkredites bei einer Bank.

Über LeihDeinerStadtGeld sind nicht nur Kredite an Kommunen, sondern auch Kredite an kommunale Unternehmen möglich. Diese erfolgen in der Regel als Nachrangdarlehen mit höherem Risiko und höherem Renditeversprechen als bei den Kommunalkrediten.

Die Bürger können über LeihDeinerStadtGeld ein kommunales Projekt ihrer eigenen Stadt oder einer fremden Kommune finanziell unterstützen. Hierzu wählt der interessierte Bürger zunächst ein kommunales Projekt auf der Plattform aus. Danach kann er seinen Bürgerkredit vergeben. Die Höhe des Kredites legt er selbst fest. Der Mindestanlagebetrag liegt jedoch bei 100 EUR. Nach oben gibt es keine Beschränkungen, außer dass das Fundingziel der Kommune nicht überschritten werden kann. Der Bürger erhält für seinen Bürgerkredit einen Kreditvertrag. Neben Bürgern können auch juristische Personen, Vereine und Verbände Kredite an Kommunen vergeben.

Das eingesammelte Geld wird auf einem Treuhandkonto bei der Fidor Bank AG München hinterlegt. Diese verwaltet als Treuhänderin die Bürgerkredite und übernimmt die Zins- und Tilgungsleistungen. Außerdem überweist sie nach Erreichen des Fundingziels und dem Ablauf der Einzahlungsfrist die Gesamtsumme an die Kommune. Die Fidor Bank AG in München hat als Einziger Zugriff auf die Gelder (LeihDeinerStadtGeld.de 2016).

5.4.2   Place2Help

Bei Place2Help stehen Projekte im Vordergrund, die dem Gemeinwohl dienen. Dieses Portal möchte die Lebens- und Standortqualität in Regionen und Städten fördern. Dabei setzt Place2Help schon bei der Ideenfindung an. Die Kommune kann somit bereits die Projektidee veröffentlichen und eine Diskussion darüber zulassen, um einen kreativen Schaffungsprozess zu initiieren.

Anders als bei LeihDeinerStadtGeld bietet Place2Help nicht die Möglichkeit des Crowdlendings oder Crowdinvestings, sondern nur spendenbasiertes Crowdfunding und gegenleistungsbasiertes Crowdfunding an.

Wie auch bei LeihDeinerStadtGeld erhält die Kommune umfängliche Unterstützungs- und Beratungsleistungen durch Place2Help. Von der Projektplanung über die Finanzierung bis zur Projektumsetzung bietet Place2Help seine Unterstützung an. Bevor ein Projekt auf Place2Help veröffentlicht wird, muss es bei der Plattform angemeldet werden. Dabei wird geprüft, ob das Projekt alle Voraussetzungen erfüllt und umsetzbar ist. Danach muss innerhalb von 30 Tagen eine bestimmte Mindestanzahl an „Fans" erreicht werden. Die zu erreichende Anzahl ist abhängig von dem Finanzvolumen des jeweiligen Projekts. Hierdurch wird getestet, ob das Projekt Erfolg versprechend ist, und der Kapitalsuchende erhält ein erstes Feedback zu seinem Projekt. Wird die Mindestanzahl an Fans nicht erreicht, wird das Projekt nicht veröffentlicht. Nach erfolgter Planungsphase wird das Projekt für die Finanzierungsphase angemeldet und freigegeben.

Die Laufzeit eines Crowdfunding-Projekts beträgt maximal 90 Tage. Bisher können über Place2Help Crowdfunding-Projekte mit einem Volumen von mindestens 500 EUR bis maximal 50.000 EUR finanziert werden.

Um regionale Projekte finanzieren lassen zu können, muss eine Kommune zunächst ein eigenes Portal über Place2Help anmelden. Place2Help erstellt dann eigens für diese Region bzw. die Kommune ein Regionalportal. Die Kosten des Regionalportals werden über sogenannte lokale „Enabler" getragen. Diese Enabler können Personen, Organisationen oder spezielle Unternehmen sein. Mit diesem Enabler-Modell will Place2Help eine möglichst weite Erreichbarkeit und Verbreitung für das private Engagement der jeweiligen Region erreichen, ohne dass auf öffentliche Mittel zurückgegriffen werden muss.

Für die Serviceleistungen erhebt Place2Help bei erfolgreich finanzierten Projekten eine Provision von 5 % der Fundingsumme (Place2Help.org 2016).

5.5   Best-Practice-Beispiele

Kommunale Crowdfunding-Projekte gibt es zurzeit nur sehr wenige, was sicher an den niedrigen Zinsen liegt. Dennoch konnten in der Vergangenheit bereits Crowdfunding-Projekte durch Kommunen erfolgreich durchgeführt werden. Drei Beispiele sollen hier besonders hervorgehoben werden. Die Stadt Oestrich-Winkel in Hessen, die Stadt Quickborn in Schleswig-Holstein sowie die Stadt Rotterdam in den Niederlanden.

5.5.1   Oestrich-Winkel

2012 hat die Stadt Oestrich-Winkel in Hessen ein Crowdfunding-Projekt erfolgreich durchgeführt. Dabei handelte es sich um ein kreditbasiertes Crowdfunding, das sogenannte Crowdlending, und es wurde über die Crowdfunding-Plattform LeihDeinerStadtGeld abgewickelt. Bei diesem Projekt ging es um eine im städtischen Haushalt vorgesehene Investition in die Freiwillige Feuerwehr. Insgesamt sollten zwei Handfunkgeräte HRT, 27 Handfunkgeräte FRT und 15 Mobilfunkgeräte MRT inklusive des notwendigen Zubehörs finanziert werden. Die Kreditsumme betrug 83.200 EUR und wurde in Form eines Ratendarlehens finanziert. Als Gegenleistung für das eingesetzte Kapital erhielten alle Unterstützer über die gesamte Laufzeit von 6 Jahren eine Verzinsung von 0,76 % p. a. sowie eine gleichbleibende Tilgungsleistung. Das Projekt konnte innerhalb von wenigen Wochen erfolgreich abgeschlossen werden (LeihDeinerStadtGeld.de 2016).

Da laut BaFin Städte selbst keine Bankgeschäfte durchführen dürfen, muss eine Bank zwischen Darlehensgeber und Darlehensnehmer geschaltet werden, welche die Zins- und Tilgungsleistungen übernimmt (siehe Abschn. 5.1.1). Daher wurde zwischen den Bürgern und der Fidor Bank AG München ein Bürgerkreditvertrag geschlossen. Damit die Fidor Bank AG München das Kapital der Bürger einsammeln und verwalten konnte, wurde ein Kommunaldarlehensvertrag zwischen der Stadt Oestrich-Winkel und der Fidor Bank AG München abgeschlossen.

5.5.2 Quickborn

Die Stadt Quickborn in Schleswig-Holstein brauchte 2009 für den Bau und die Sanierung von Schulgebäuden sowie für die Erweiterung der Feuerwache dringend Geld (Köppl 2012). Um neue Finanzmittel zu erhalten, wurde das Geld von den Bürgern der Stadt in Form von Bürgerkrediten eingesammelt. Der Mindestbetrag, den jeder interessierte Bürger einzahlen musste, lag bei 5.000 EUR. Als Gegenleistung erhielten die Unterstützer für das eingezahlte Kapital 3 % Zinsen bei einer Laufzeit von einem Jahr. Das war zum damaligen Zeitpunkt 1 % günstiger als ein vergleichbarer Kommunalkredit. Jeder Bürger, der seine Stadt unterstützen wollte, musste ein Formular ausfüllen und das Kapital an die Stadtkasse zahlen. Die Zins- und Tilgungsleistung wurde von der Stadt Quickborn übernommen.

Die Aussicht auf diese ausgesprochen gute Rendite von 3 % kam bei der Bevölkerung so gut an, dass einige sogar 200.000 EUR an die Stadt überwiesen. Die Kredite kamen von 80 Bürgern aus Quickborn und Hamburg, von denen ein Bürger sogar eine Mio. Euro anlegte. Insgesamt kamen so innerhalb einer Woche 4 Mio. EUR zusammen (Köppl 2012). Die BaFin untersagte der Stadt Quickborn daraufhin jedoch diese Art der Finanzmittelbeschaffung, da sie keine Genehmigung zur Durchführung von Bankgeschäften hatte (siehe Abschn. 5.1.1). Die Stadt durfte keine weiteren Kredite von Bürgern annehmen, musste die bestehenden Kreditverträge jedoch nicht rückgängig machen.

Die 20.000-Einwohner-Stadt Quickborn selbst hatte nicht mit so einer Resonanz gerechnet. Sie spekulierte mit Einnahmen in Höhe von 50.000 EUR und wollte zudem eine größere Beteiligung der Bürger für das kommunale Geschehen hervorrufen (FAZ 2009).

5.5.3 Rotterdam – Niederlande

In Rotterdam wurde durch Crowdfunding eine Fußgängerbrücke finanziert, die die beiden Stadtviertel Pompenburg und Hofbogen miteinander verbindet (Best-Practice-Business.de 2016). Das Projekt wurde von einem Architekturbüro in Rotterdam initiiert und war gleichzeitig Teil des Flächennutzungsplans von Rotterdam. Das Finanzierungsvolumen war mit 440.000 EUR sehr hoch angesetzt. Je nach Höhe der finanziellen Beteiligung gab es unterschiedliche Gegenleistungen. Für 25 EUR wurde der Name des jeweiligen Unterstützers auf eine Holzplanke geprägt, und für 125 EUR erwarb der jeweilige Unterstützer ein Bauteil dieser Holzbrücke. An diesem Crowdfunding-Projekt beteiligten sich nicht nur Privatpersonen, sondern auch viele Unternehmen wie z. B. der Rotterdamer Hafen (Wenzlaff und Gumpelmaier 2016).

Möglichkeiten einer kommunalen Crowdfunding-Kampagne

Neben Kommunalkrediten bzw. Kassenkrediten finanzieren deutsche Kommunen Projekte bereits durch alternative Finanzierungsformen. Darunter fallen Spenden, Bürgerstiftungen, PPP-Modelle, Schuldscheindarlehen und Sponsoring. Jedoch werden alternative Finanzierungsformen in geringem Maße verwendet. In der Vergangenheit haben nur 17 % der deutschen Kommunen auf eine alternative Finanzierungsform zurückgegriffen, am häufigsten auf das PPP-Modell (12 %), gefolgt vom Schuldscheindarlehen (5 %) (Ernst und Young 2015, S. 31). Noch neu und daher wenig genutzt ist Crowdfunding. Dabei sind die Einsatzmöglichkeiten von Crowdfunding im kommunalen Bereich vielfältig. Beispielsweise könnten Parkbänke oder Mülleimer finanziert werden. Teilweise wird dies bereits durch Sponsoren durchgeführt. Sponsoren spenden beispielsweise eine Parkbank an die Stadt und werden namentlich auf der Bank verewigt. Dies könnte auch durch Crowdfunding umgesetzt werden, wie sich Stephanie Burkhardt, Dezernentin bei der Stadt Brühl, vorstellen kann: „Auch im Bereich der Stadtentwicklung, wenn Bänke finanziert werden sollen, könnte ich mir ein Crowdfunding vorstellen."

Grundsätzlich lassen sich mithilfe von Crowdfunding lokale Projekte finanzieren. Denkbar wäre die Finanzierung der Errichtung einer Kita, die Sanierung von Schulen oder die Pflege und Erneuerung von Spiel- und Sportplätzen. Im Gegensatz zur Privatwirtschaft ist Crowdfunding im kommunalen Sektor jedoch nicht für jedes Projekt geeignet. Beispielsweise wird es sicherlich schwieriger, Unterstützer für Straßenbauprojekte zu finden. Erfolg versprechend sind daher Projekte, welche die Bürger emotional und direkt betreffen (German Crowdfunding Network 2016). Bevorzugt sollten Kommunen sich im Bereich der freiwilligen Aufgaben bewegen. Sollte es zu finanziellen Engpässen kommen, werden freiwillige Leistungen erfahrungsgemäß zuerst aus dem Haushalt gestrichen. Zudem

© Springer Fachmedien Wiesbaden GmbH 2017
K. Assenmacher, *Crowdfunding als kommunale Finanzierungsalternative*,
essentials, DOI 10.1007/978-3-658-17153-7_6

würden pflichtige Leistungen, die von der Kommune ohnehin übernommen werden müssen, nicht von den Bürgern als Crowdfunding-Projekt akzeptiert werden und daher scheitern. Hierzu meint Gerd Schiffer, Dezernent bei der Stadt Brühl: „Ich könnte mir dieses Modell besonders im Kulturbereich und generell bei freiwilligen Leistungen vorstellen, eher weniger bei pflichtigen Leistungen, die die Stadt sowieso erbringen muss." Für Kommunen eignen sich grundsätzlich alle Crowdfunding-Arten, die bereits im Abschn. 2.2 erläutert wurden. Das Crowdinvesting eignet sich jedoch nur für Kommunalbetriebe und Tochtergesellschaften, da Anteile an einer Stadt nicht erworben werden können. Daher scheidet diese Art des Crowdfundings für Kommunen aus. Das spendenbasierte Crowdfunding ist die einfachste Art des Crowdfundings. Auch Dieter Freytag, Bürgermeister der Stadt Brühl, hält das spendenbasierte Crowdfunding „für am ehesten umsetzbar, da diese Art am unkompliziertesten durchführbar ist." Kommunen erhalten sehr häufig Spenden von Bürgern, vor allem für soziale Zwecke, und wissen daher damit umzugehen. Am geeignetsten erscheint das gegenleistungsbasierte Crowdfunding. Hierbei kann durch eine Gegenleistung eine größere Motivation der Bürger hervorgerufen werden und es ist genauso einfach umsetzbar wie das spendenbasierte Crowdfunding. Crowdlending eignet sich ebenso, unterliegt jedoch strengeren rechtlichen Vorgaben (siehe Abschn. 5.1). Aufgrund der aktuell niedrigen Zinslage eignet sich Crowdlending erst wieder, wenn die Zinsen steigen. Dann kann eine Kommune auch einen geeigneteren Zinssatz finden, den sie den Bürgern zahlt. Dies bestätigt ebenfalls der Kämmerer der Stadt Brühl, Rolf Radermacher: „Die aktuellen Konditionen bei der Kreditaufnahme sind sehr gut. Daher würde sich vor allem Crowdlending zurzeit nicht eignen."

6.1   Motivation der Bürger

Die Bürger haben u. a. durch die Finanzkrise einen immensen Vertrauensverlust in Bezug auf den Bankensektor erlitten (Beck 2015, S. 280). Auch durch die Niedrigzinspolitik der EZB, bei der Sparer so gut wie keine Zinsen mehr für ihre Anlagen erhalten, ist dieser Vertrauensverlust weiter gestiegen. Zusätzlich möchten die Bürger mehr für das Gemeinwohl und für das allgemeine Wohlbefinden in ihrer Stadt tun. Daher sind sie eher bereit, in Crowdfunding-Projekte ihrer Kommune zu investieren. „Die Geldgeber wollen, dass das Geld etwas Gutes tut", weiß Crowdfunding-Experte David Röthler zu berichten. „Es kann nicht sein, dass es an den Zinsen liegt, dass ein Bürger in ein Projekt seiner Stadt investiert." Ein Dankeschön für den Einsatz ist für die Bürger mehr wert als eine monetäre Gegenleistung. Dies spiegelt sich auch in der Befragung wider (siehe Kap. 7).

6.2   Vor- und Nachteile von Crowdfunding

Kommunen sind gem. § 12 Abs. 1 InsO i. V. m. § 128 Abs. 2 GO NRW insolvenzunfähig. Dadurch gilt die Investition in einen Bürgerkredit als sicherer als die Einlage bei einem Kreditinstitut. Dies macht den Bürgerkredit für die Bürger sehr attraktiv. Ein weiterer Vorteil für die Bürger ist das „Alles-oder-nichts-Prinzip". Sollte das Fundingziel nicht vollständig erreicht werden, so werden die eingezahlten Gelder wieder zurückgezahlt. Dadurch wird ein finanzieller Schaden vermieden. Bürger dienen zudem als Fürsprecher und Multiplikatoren. Auch dann, wenn die Bürger nicht selbst in das Projekt investieren, kommunizieren sie es weiter. Zusätzlich stürzen sich die Medien gerne auf solche innovativen Projekte (Schramm und Carstens 2014, S. 55). Das bedeutet zusätzlich kostenlose Werbung.

Wenn ein Projekt von den Bürgern nicht oder nicht ausreichend unterstützt wird, kann es nicht umgesetzt werden. Dann sollte auch darauf verzichtet werden, das Projekt auf konventionellem Wege zu finanzieren. Dies würde das Vertrauen in das Konzept „kommunales Crowdfunding" nachhaltig zerstören und zukünftige Projekte würden nicht mehr durch die Bürger unterstützt.

6.3   Zusätzlicher Nutzen und positive Nebeneffekte

Crowdfunding ist mehr als nur eine Finanzierungsalternative. Im kommunalen Bereich bietet Crowdfunding die Möglichkeit der Partizipation der Bürger an städtischen Projekten. Die Bürger können aktiv in die Projektfinanzierung eingebunden werden. Durch eine derartige Transparenz wird die Identifikation der Bürger mit dem zu finanzierenden Projekt und der Stadt zusätzlich gefördert. Die Bürger können die Kosten eines kommunalen Projekts besser nachvollziehen und ihnen wird nicht einfach etwas „vorgesetzt".

Für die Kommune bedeutet Crowdfunding die Diversifikation der Fremdkapitalgeber. Die Kommune ist nicht mehr nur auf Banken und wohlwollende Sponsoren angewiesen. Sie kann das Geld direkt von ihren Bürgern einsammeln und verschafft ihnen somit das Gefühl, aktiv etwas Sinnvolles für das Gemeinwohl zu tun. So kann die Kommune das Konzept der bürgernahen und bürgerfreundlichen Kommune weitaus besser umsetzen. Durch das Engagement der Bürger spiegelt sich das Grundprinzip des demokratischen bundesdeutschen Staates wider. Die Kommune fördert somit aktiv die Demokratie (Schneider 2014, S. 48 ff.).

Ergebnisse der empirischen Befragung 7

Im Rahmen dieses *essentials* wurde eine Befragung über Umfrageonline.com durchgeführt. Insgesamt haben an dieser Online-Umfrage 220 Personen teilgenommen. Die Umfrage trägt den Titel „Bürgerbeteiligung zur Finanzierung kommunaler Projekte" und ist als Anlage beigefügt. Ziel dieser Umfrage war es, festzustellen, wie hoch die Bereitschaft der Bürger ist, die eigene Stadt finanziell zu unterstützen und somit kommunale Projekte gemeinsam realisieren zu können. Abgefragt wurde zunächst die Spendenbereitschaft. Von allen 220 befragten Personen gaben 164 (74,55 %) an, bereits einmal gespendet zu haben. Von den 164 Personen spenden jedoch nur 28 regelmäßig. Die häufigste Form der Spende ist die Barspende (53,7 %), gefolgt von der Sachspende (43,3 %) sowie der Überweisung (31,7 %). Dies zeigt, dass die konventionellen Wege immer noch am häufigsten genutzt werden. Darüber hinaus wird überwiegend in soziale Bereiche gespendet (vgl. Abb. 7.1). Für die Kinder- und Jugendhilfe (42,1 %), arme Menschen (29,3 %), Flüchtlinge und Asylbewerber (24,4 %) und den Tierschutz (22,6 %) wird am häufigsten gespendet. Umwelt und Entwicklungshilfe (jeweils 20,7 %) liegen dicht dahinter. Auch die Erfahrungen aus der Stadtverwaltung Brühl belegen, dass es eine hohe Spendenbereitschaft in der Bevölkerung gibt, und bestätigen somit das Ergebnis. „Die Brühler Bürger haben eine sehr hohe Spendenbereitschaft bei dem Thema Flüchtlingshilfe gezeigt, ohne dass diese eine Gegenleistung erhalten haben. Das war sehr beeindruckend", weiß Bürgermeister Freytag zu berichten. „Vor allem in der Vergangenheit haben sich immer wieder Bürger an Spendenaufrufen beteiligt", fügt Andreas Brandt, Dezernent bei der Stadt Brühl hinzu.

Von den 220 befragten Personen können sich 87 Personen (39,5 %) vorstellen, ihre Stadt finanziell zu unterstützen. 36,8 % wären bereit, ihre Stadt mit einer Spende zu unterstützen, 20,5 % wären bereit, ihrer Stadt ein zinsloses Dar-

© Springer Fachmedien Wiesbaden GmbH 2017
K. Assenmacher, *Crowdfunding als kommunale Finanzierungsalternative,*
essentials, DOI 10.1007/978-3-658-17153-7_7

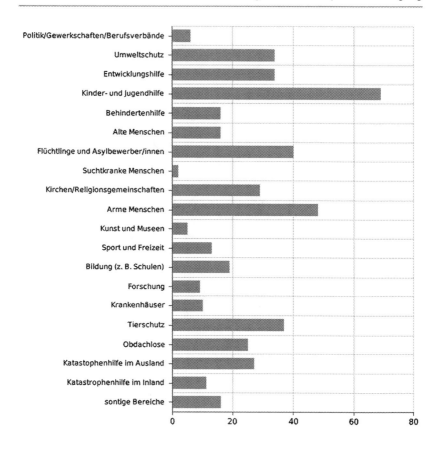

Abb. 7.1 Spendenbereiche; Angabe in absoluter Personenzahl. (Quelle: Eigene Darstellung)

lehen zur Verfügung zu stellen, und immerhin 50,5 % wären bereit, ihrer Stadt ein verzinstes Darlehen zur Verfügung zu stellen. Aus diesen Antworten lässt sich eindeutig erkennen, dass es auf den richtigen Anreiz ankommt. Die Bürger sind eher bereit, ihre Stadt finanziell zu unterstützen, wenn sie für ihre Leistung eine Gegenleistung erhalten. 51,4 % sind nur bei Erhalt einer Gegenleistung bereit, ein kommunales Projekt zu unterstützen. Dagegen sind 30,9 % auch ohne Erhalt einer Gegenleistung bereit, ein kommunales Projekt zu unterstützen. Bei der Frage nach der bevorzugten Gegenleistung zeigt sich, dass monetäre und materielle Gegenleistungen gegenüber ideellen Gegenleistungen bevorzugt werden. 17,4 % erwarten mindestens die Rückzahlung des eingezahlten Geldes und 33,6 % erwarten zudem eine Verzinsung. 22,3 % wünschen sich für ihren Einsatz eine materielle Gegenleistung und 3,2 % bevorzugen eine namentliche Erwähnung. 17,3 % möchten gar keine Gegenleistung für ihre Unterstützung.

Ein relativ ausgeglichenes Bild zeigt sich bei der Frage „Für welche Bereiche Ihrer Stadt würden Sie Geld zur Verfügung stellen?" Soziale Bereiche liegen hier, genau wie bei den Spenden, ganz klar vorne (vgl. Abb. 7.2). Das zeigt, dass insbesondere emotionale Projekte sowie Projekte, bei denen die Bürger direkt betroffen sind, erfolgreich mithilfe der Bürger finanziert werden können. Das weiß auch Bürgermeister Freytag: „Die Betroffenheit der Bürger muss auf jeden Fall vorliegen, damit diese auch investieren möchten."

79,3 % der 164 Personen, die schon einmal gespendet haben, spenden jährlich weniger als 100 EUR. Nur 1,2 % spenden mehr als 500 EUR. Beim Crowdfunding werden Projekte ebenfalls durch eine Vielzahl an Personen realisiert, die kleine Beträge investieren. Daher lässt sich aus der Spendenhöhe ableiten, dass viele Bürger grundsätzlich bereit sind, kleine Geldbeträge für Projekte zu geben. Dass eine Geldanlage bei einer Kommune als sichere Investition gilt, zeigen die

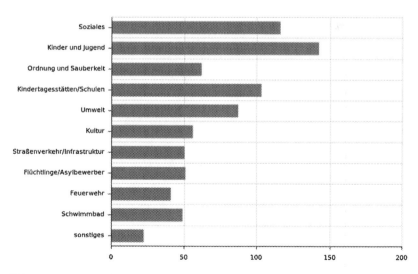

Abb. 7.2 Bereiche der Stadt; Angabe in absoluter Personenzahl. (Quelle: Eigene Darstellung)

Antworten bei der Frage nach der Höhe der Investition in ein kommunales Projekt (vgl. Abb. 7.3). 52,3 % würden weniger als 100 EUR zur Verfügung stellen, 23,2 % würden bis zu 200 EUR zur Verfügung stellen und 10,5 % würden sogar mehr als 500 EUR zur Verfügung stellen.

Sollte eine Kommune sich für eine Finanzierung mittels Bürgerkredit, also ein Crowdlending entscheiden, ist die Höhe des gezahlten Zinssatzes besonders wichtig. Zum einen darf das Crowdlending für Kommunen nicht teurer sein als ein Bankkredit und zum anderen sollte der Zinssatz für die Bürger attraktiv sein. „Es müsste sich um einen Zins handeln, bei dem sich die Stadt im Vergleich zu einem normalen Kommunalkredit nicht schlechter stellt", gibt Andreas Brandt zu bedenken. Der Zinssatz ist hierbei die Gegenleistung und stellt den Anreiz für die Investition dar. Der überwiegende Teil der befragten Personen würde bei einem Zinssatz zwischen 0 und 3 % in ein kommunales Projekt investieren (vgl. Abb. 7.4). 23,2 % würden bereits bei einem Zinssatz unter 1 % investieren. 21,8 % würden bei einem Zinssatz über 2 % und 19,5 % würden bei einem Zinssatz von mehr als 1 % in ein kommunales Projekt investieren. Die Zinsen eines Kommunal- und Kassenkredits betragen laut dem Kämmerer der Stadt Brühl, Rolf Radermacher, zurzeit 0 bis 1,5 %.

Crowdfunding wird immer bekannter. Dies wird durch die Umfrage ebenfalls untermauert. 68,2 % der Befragten kennen Crowdfunding und 5,9 % haben in der Vergangenheit bereits ein Crowdfunding-Projekt unterstützt. 59,5 % der Befragten können sich vorstellen, ein kommunales Crowdfunding-Projekt zu unterstützen. 40,5 % hingegen können sich das nicht vorstellen. Wenn es sich also um ein kommunales Crowdfunding-Projekt handelt, zeigt sich die Mehrheit der befragten Personen bereit, ein solches Projekt zu unterstützen.

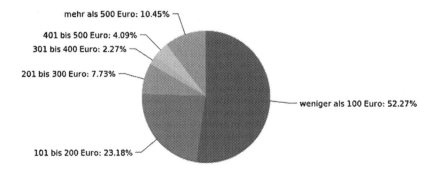

Abb. 7.3 Investitionshöhe für kommunale Projekte. (Quelle: Eigene Darstellung)

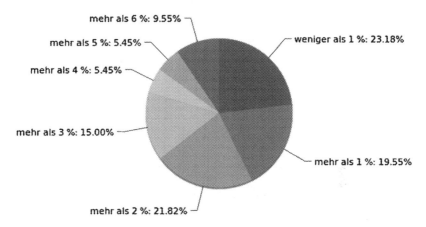

Abb. 7.4 Erwartete Zinshöhe. (Quelle: Eigene Darstellung)

Fazit und Ausblick 8

Crowdfunding wird von Kommunen noch nicht häufig genutzt, trotz diverser erfolgreicher Beispiele. Dies liegt unter anderem daran, dass die Entscheidungswege in der Kommune länger sind als in anderen, privatwirtschaftlichen Bereichen. Außerdem sind nicht alle Crowdfunding-Arten für ein kommunales Projekt geeignet. Crowdinvesting scheidet für eine Kommune aus, da Bürger keine Anteile an einer Kommune erwerben können. Das spendenbasierte Crowdfunding ähnelt stark den konventionellen Spenden, die Kommunen häufig für soziale Projekte erhalten. Um Crowdfunding jedoch für freiwillige kommunale Leistungen bzw. Aufgaben erfolgreich anwenden zu können, eignen sich insbesondere die Modelle gegenleistungsbasiertes Crowdfunding und Crowdlending. Der Anreiz, eine Gegenleistung für den eigenen Ressourceneinsatz zu erhalten, ist notwendig, um die Akzeptanz und Beteiligung an kommunalen Projekten zu fördern. Unter Beachtung der aktuellen Zinslage ist Crowdlending zurzeit jedoch nicht geeignet. Aktuell ist es für Kommunen günstiger, konventionelle Bankkredite aufzunehmen. Das gegenleistungsbasierte Crowdfunding stellt daher eine zinsunabhängige und generelle Finanzierungsalternative dar, die aus Sicht der Kommunen günstig und praktikabel ist.

Crowdfunding fördert die Transparenz kommunaler Projekte. So können die Bürger erkennen, wie viel der Bau eines Kindergartens kostet, wie hoch der monetäre Aufwand für die Renovierung der Schule vor Ort ist oder wie viel in eine moderne Ausrüstung bei der städtischen Feuerwehr investiert werden muss. Dies stärkt das Kostenbewusstsein der Bürger und sie können kommunale Finanzentscheidungen besser nachvollziehen.

Die bisher erfolgreich verlaufenen kommunalen Crowdfunding-Kampagnen zeigen, dass Crowdfunding im kommunalen Sektor funktionieren kann und tatsächlich eine praktikable Alternative zu konventionellen Bankenfinanzierungen

© Springer Fachmedien Wiesbaden GmbH 2017
K. Assenmacher, *Crowdfunding als kommunale Finanzierungsalternative*,
essentials, DOI 10.1007/978-3-658-17153-7_8

darstellt. Die Kommunen können zumindest die Art der Finanzmittelbeschaffung diversifizieren und dadurch auf alternative Finanzierungsformen zurückgreifen. Der größere, essenziellere und bei weitem wertebeladenere Vorteil liegt in der aktiven Einbeziehung der Bürger. Die Bürger können sich aktiv an der Gestaltung der eigenen Kommune beteiligen und erhalten als Dankeschön einen ideellen, materiellen oder finanziellen Gegenwert für ihre Beteiligung. Dies stärkt die Identifikation mit der eigenen Kommune.

Es liegt nun an den Kommunen, einen geeigneten Weg zu finden, diese Art der Finanzierung anzuwenden. Neue Finanzierungsmodelle, so auch Crowdfunding, sollten zunächst mit kleinen Projekten begonnen werden, um die Akzeptanz sowie das Interesse bei den Bürgern zu wecken. Es müssen vonseiten der Kommune geeignete Projekte gefunden werden, welche die Bürger tatsächlich emotional betreffen. Alles in allem ist Crowdfunding ein bürgernahes und demokratisches Finanzierungsinstrument, das die Aspekte Finanzierung und Bürgerbeteiligung vereint.

Anlage: Ergebnisse der Online-Umfrage

1. Geschlecht: °

   Anzahl Teilnehmer: 220

   162 (73.6%): weiblich

   58 (26.4%): männlich

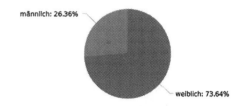

2. Alter: *

   Anzahl Teilnehmer: 220

   124 (56.4%): 18 bis 25

   71 (32.3%): 26 bis 35

   9 (4.1%): 36 bis 45

   8 (3.6%): 46 bis 55

   7 (3.2%): 56 bis 65

   1 (0.5%): älter als 66

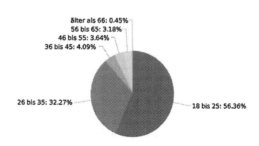

© Springer Fachmedien Wiesbaden GmbH 2017
K. Assenmacher, *Crowdfunding als kommunale Finanzierungsalternative*,
essentials, DOI 10.1007/978-3-658-17153-7_9

3. Beruf: *

Anzahl Teilnehmer: 220

4 (1.8%): (Fach-)Arbeiter/in

45 (20.5%): Angestellte/r

80 (36.4%): Beamte/r

5 (2.3%): Selbständige/r

2 (0.9%): Rentner/in

- (0.0%): Schüler/in

79 (35.9%): Student/in

3 (1.4%): Empfänger/in ALG/"Hartz IV"

2 (0.9%): sonstiges

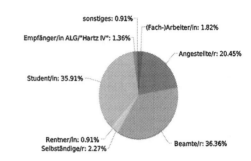

sonstiges: 0.91%
(Fach-)Arbeiter/in: 1.82%
Empfänger/in ALG/"Hartz IV": 1.36%
Angestellte/r: 20.45%
Student/in: 35.91%
Rentner/in: 0.91%
Selbständige/r: 2.27%
Beamte/r: 36.36%

4. Höchster bislang erreichter Bildungsabschluss *

Anzahl Teilnehmer: 220

3 (1.4%): Hauptschulabschluss

13 (5.9%): Mittlere Reife

16 (7.3%): Fachabitur

80 (36.4%): Abitur

33 (15.0%): (Berufs-)Ausbildung

38 (17.3%): Fachhochschulabschluss

35 (15.9%): Universitätsabschluss

1 (0.5%): Promotion

1 (0.5%): Sonstiges

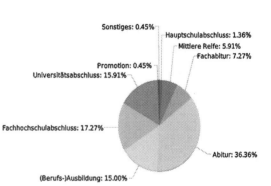

Sonstiges: 0.45%
Hauptschulabschluss: 1.36%
Mittlere Reife: 5.91%
Fachabitur: 7.27%
Promotion: 0.45%
Universitätsabschluss: 15.91%
Fachhochschulabschluss: 17.27%
Abitur: 36.36%
(Berufs-)Ausbildung: 15.00%

5. Religionszugehörigkeit *

Anzahl Teilnehmer: 220

64 (29.1%): evangelisch

108 (49.1%): katholisch

2 (0.9%): jüdisch

- (0.0%): muslimisch

- (0.0%): freikirchlich

40 (18.2%): konfessionslos

6 (2.7%): sonstiges

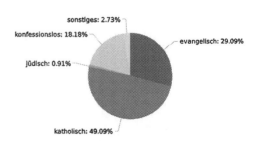

sonstiges: 2.73%
konfessionslos: 18.18%
evangelisch: 29.09%
jüdisch: 0.91%
katholisch: 49.09%

6. Jahreseinkommen (brutto): *

Anzahl Teilnehmer: 220

17 (7.7%): Kein Einkommen

110 (50.0%): unter 15.000 Euro

27 (12.3%): 16.000 bis 25.000 Euro

32 (14.5%): 26.000 bis 35.000 Euro

9 (4.1%): 36.000 bis 45.000 Euro

5 (2.3%): 46.000 bis 55.000 Euro

9 (4.1%): über 55.000 Euro

11 (5.0%): Keine Angabe

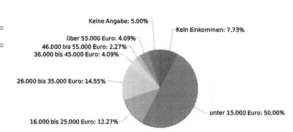

Keine Angabe: 5.00%
über 55.000 Euro: 4.09%
46.000 bis 55.000 Euro: 2.27%
36.000 bis 45.000 Euro: 4.09%
26.000 bis 35.000 Euro: 14.55%
16.000 bis 25.000 Euro: 12.27%
Kein Einkommen: 7.73%
unter 15.000 Euro: 50.00%

7. Haben Sie schon einmal gespendet? *

Anzahl Teilnehmer: 220

164 (74.5%): ja

56 (25.5%): nein

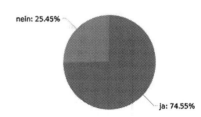

nein: 25.45%
ja: 74.55%

8. Spenden Sie regelmäßig? *

Anzahl Teilnehmer: 164

28 (17.1%): ja

136 (82.9%): nein

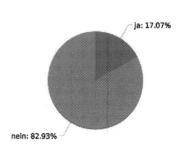

ja: 17.07%
nein: 82.93%

9.   In welcher Form spenden Sie? *

Anzahl Teilnehmer: 164

88 (53.7%): Bar/Sammelbüchse

52 (31.7%): Überweisung

22 (13.4%): Lastschrift/Dauerauftrag

16 (9.8%): Onlinespende

9 (5.5%): SMS-Spende

71 (43.3%): Sachspende

16 (9.8%): sonstiges

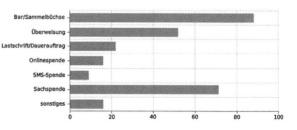

10. In welchen Bereichen spenden Sie vorwiegend? *

Anzahl Teilnehmer: 164

6 (3.7%):
Politik/Gewerkschaften/Berufsverbände

34 (20.7%): Umweltschutz

34 (20.7%): Entwicklungshilfe

69 (42.1%): Kinder- und Jugendhilfe

16 (9.8%): Behindertenhilfe

16 (9.8%): Alte Menschen

40 (24.4%): Flüchtlinge und
Asylbewerber/innen

2 (1.2%): Suchtkranke Menschen

29 (17.7%):
Kirchen/Religionsgemeinschaften

48 (29.3%): Arme Menschen

5 (3.0%): Kunst und Museen

13 (7.9%): Sport und Freizeit

19 (11.6%): Bildung (z. B. Schulen)

9 (5.5%): Forschung

10 (6.1%): Krankenhäuser

37 (22.6%): Tierschutz

25 (15.2%): Obdachlose

27 (16.5%): Katastrophenhilfe im Ausland

11 (6.7%): Katastrophenhilfe im Inland

16 (9.8%): sonstige Bereiche

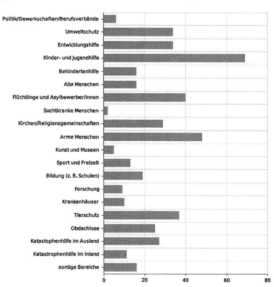

11. Wie viel Geld spenden Sie jährlich an gemeinnützige Organisationen oder für gemeinnützige Zwecke? *

Anzahl Teilnehmer: 164

130 (79.3%): weniger als 100 Euro

16 (9.8%): mehr als 100 Euro

2 (1.2%): mehr als 200 Euro

- (0.0%): mehr als 300 Euro

1 (0.6%): mehr als 400 Euro

2 (1.2%): mehr als 500 Euro

13 (7.9%): ich spende kein Geld

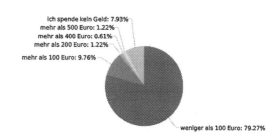

ich spende kein Geld: 7.93%
mehr als 500 Euro: 1.22%
mehr als 400 Euro: 0.61%
mehr als 200 Euro: 1.22%
mehr als 100 Euro: 9.76%

weniger als 100 Euro: 79.27%

12. Könnten Sie sich grundsätzlich vorstellen, Ihre Stadt finanziell zu unterstützen? *

Anzahl Teilnehmer: 220

87 (39.5%): ja

133 (60.5%): nein

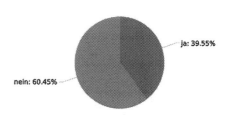

ja: 39.55%

nein: 60.45%

13. Wären Sie bereit, Ihre Stadt mit einer Geldspende zu unterstützen? *

Anzahl Teilnehmer: 220

81 (36.8%): ja

139 (63.2%): nein

ja: 36.82%

nein: 63.18%

14. Wären Sie bereit, Ihrer Stadt ein zinsloses Darlehen zur Verfügung zu stellen?
    (Sie würden Ihren Darlehensbetrag in Raten zurückerhalten.) *

    Anzahl Teilnehmer: 220

    45 (20.5%): ja

    175 (79.5%): nein

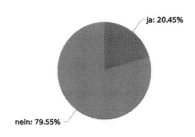

15. Wären Sie bereit, Ihrer Stadt ein klassisches verzinstes Darlehen zur Verfügung zu stellen?
    (Sie erhalten Ihren Darlehensbetrag in Raten und eine zusätzliche Verzinsung.) *

    Anzahl Teilnehmer: 220

    111 (50.5%): ja

    109 (49.5%): nein

16. Unabhängig von der Form: Wie viel Geld würden Sie Ihrer Stadt für ein Projekt, das Ihnen sinnvoll erscheint, zur Verfügung stellen?
    (Bitte treffen Sie eine Auswahl, unabhängig davon, ob Sie in den vorherigen Antworten mit "Nein" geantwortet haben.) *

    Anzahl Teilnehmer: 220

    115 (52.3%): weniger als 100 Euro

    51 (23.2%): 101 bis 200 Euro

    17 (7.7%): 201 bis 300 Euro

    5 (2.3%): 301 bis 400 Euro

    9 (4.1%): 401 bis 500 Euro

    23 (10.5%): mehr als 500 Euro

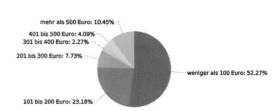

17. Für welche Bereiche Ihrer Stadt würden Sie Geld zur Verfügung stellen? *

Anzahl Teilnehmer: 220

116 (52.7%): Soziales

142 (64.5%): Kinder und Jugend

62 (28.2%): Ordnung und Sauberkeit

103 (46.8%): Kindertagesstätten/Schulen

87 (39.5%): Umwelt

56 (25.5%): Kultur

50 (22.7%): Straßenverkehr/Infrastruktur

51 (23.2%): Flüchtlinge/Asylbewerber

41 (18.6%): Feuerwehr

49 (22.3%): Schwimmbad

22 (10.0%): sonstiges

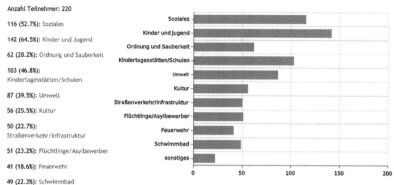

18. Wann wären Sie am ehesten bereit ein Projekt Ihrer Stadt finanziell zu unterstützen? *

Anzahl Teilnehmer: 220

68 (30.9%): ohne Gegenleistung

113 (51.4%): nur bei Erhalt einer Gegenleistung

39 (17.7%): gar nicht

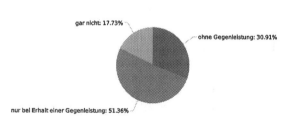

19. Welche Art der Gegenleistung würden Sie bevorzugen?

Anzahl Teilnehmer: 220

39 (17,7%): vollständige Rückzahlung des eingezahlten Geldes

74 (33,6%): vollständige Rückzahlung des eingezahlten Geldes und eine zusätzliche Verzinsung

7 (3,2%): namentliche Erwähnung (z. B. in Medien, am Projektort, etc.)

49 (22,3%): materielle Gegenleistung (z. B. in Form einer Urkunde, Gutscheine, Eintrittskarten, etc.)

38 (17,3%): gar keine

13 (5,9%): sonstige

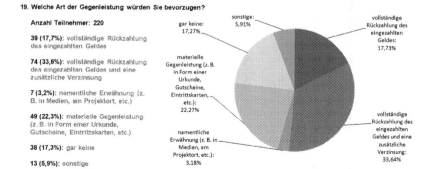

20. Ab welchem Zinssatz würden Sie ein Projekt Ihrer Stadt finanziell unterstützen?
(Bitte treffen Sie eine Auswahl, auch wenn Sie eine Geldspende, ein zinsloses Darlehen oder gar kein Geld zur Verfügung stellen würden.) *

Anzahl Teilnehmer: 220

51 (23.2%): weniger als 1 %

43 (19.5%): mehr als 1 %

48 (21.8%): mehr als 2 %

33 (15.0%): mehr als 3 %

12 (5.5%): mehr als 4 %

12 (5.5%): mehr als 5 %

21 (9.5%): mehr als 6 %

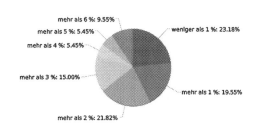

mehr als 6 %: 9.55%
mehr als 5 %: 5.45%
mehr als 4 %: 5.45%
mehr als 3 %: 15.00%
mehr als 2 %: 21.82%
mehr als 1 %: 19.55%
weniger als 1 %: 23.18%

21. Ist Ihnen Crowdfunding bekannt? *

Anzahl Teilnehmer: 220

150 (68.2%): ja

70 (31.8%): nein

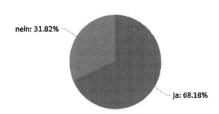

nein: 31.82%
ja: 68.18%

22. Haben Sie in der Vergangenheit ein Crowdfunding-Projekt unterstützt? *

Anzahl Teilnehmer: 220

13 (5.9%): ja

207 (94.1%): nein

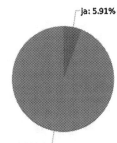

ja: 5.91%
nein: 94.09%

23. Könnten Sie sich vorstellen ein Crowdfunding-Projekt Ihrer Stadt zu unterstützen?
(Beim Crowdfunding handelt es sich um eine Finanzierungsform, bei der Sie Ihrer Stadtverwaltung Geld zur Verfügung stellen und dafür eine Gegenleistung in Form einer Rückzahlung, Rückzahlung zzgl. Zinsen oder eine andere materielle Gegenleistung erhalten) *

Anzahl Teilnehmer: 220

131 (59.5%): ja

89 (40.5%): nein

nein: 40.45%

ja: 59.55%

Was Sie aus diesem *essential* mitnehmen können:

- Ablauf einer Crowdfunding-Kampagne
- Motivationen der Bürger und Bürgerinnen
- Kostenfaktoren, auf die zu achten ist
- Hinweise auf rechtliche Rahmenbedingungen
- Ideen zur Umsetzung in Ihrer Kommune

© Springer Fachmedien Wiesbaden GmbH 2017   57
K. Assenmacher, *Crowdfunding als kommunale Finanzierungsalternative,*
essentials, DOI 10.1007/978-3-658-17153-7

Literatur

BaFin *(2016)*: Crowdfunding und der graue Kapitalmarkt, URL: http://www.bafin.de/DE/ Verbraucher/GeldanlageWertpapiere/Investieren/Crowdfunding/crowdfunding_artikel. html (aufgerufen am 27.04.2016)

Bartelt, Denis/Sterblich, Ulrike/Kreßner, Tino/Theil, Anna *(2015)*: Das Crowdfunding Handbuch: Ideen gemeinsam finanzieren, Freiburg 2015

Beck, Ralf *(2014)*: Crowdinvesting – Die Investition der Vielen, 2. Auflage, Kulmbach 2014

Beck, Ralf *(2015)*: Wer braucht noch Banken? Wie Start-Ups die Finanzwelt verändern, Kulmbach 2015

Begner, Jörg *(2012)*: Crowdfunding im Licht des Aufsichtsrechts, In: Bafin-Journal, Ausgabe 09/12, S. 12, URL: http://www.bafin.de/SharedDocs/Downloads/DE/BaFinJournal/2012/bj_ 1209.html;jsessionid=E9FB5FB3C5993218655B478E4CF1B04E.1_cid363 (aufgerufen 03.05.2016)

Best-Practise-Business.de *(2012)*: Bürger in Rotterdam entscheiden via Crowdfunding, wie lange eine neue Fußgängerbrücke sein wird, URL: http://www.best-practice-business.de/blog/idee-nonprofit/2012/05/24/burger-in-rotterdam-entscheiden-via-crowdfunding-wie-lange-eine-neue-fusgangerbrucke-sein-wird/ (aufgerufen 08.05.2016)

Eisfeld-Reschke, Jörg *(2014)*: Fünf Tipps zum Crowdfunding. In: Stiftung Bürgermut (Hrsg.): Gutes einfach verbreiten. Handbuch für erfolgreichen Projekttransfer. S. 228–229

Ernst & Young GmbH Wirtschaftsprüfungsgesellschaft *(2015)*: Kommunen in der Finanzkrise. Status quo und Handlungsoptionen, In: EY Kommunenstudie 2015

FAZ *(2009)*: BaFin stoppt Bürgerkredite in Quickborn, In: FAZ v. 07.10.2009, URL: http:// www.faz.net/aktuell/wirtschaft/wirtschaftspolitik/kommunale-finanzen-bafin-stoppt-buergerkredite-in-quickborn-1869402.html (aufgerufen 06.05.2016)

Für-Gründer.de *(2016)*: Crowdfinanzierungs-Monitor, Ausgabe 1/2016, URL: https://www. fuer-gruender.de/kapital/eigenkapital/crowd-investing/monitor/ (aufgerufen 16.05.2016)

Für-Gründer.de *(2016)*: Crowdfinanzierungs-Monitor, Ausgabe 2/2016, URL: https://www. fuer-gruender.de/kapital/eigenkapital/crowd-investing/monitor/ (aufgerufen 16.05.2016)

German Crowdfunding Network *(2015)*: Civic Crowdfunding – Wie Crowdfunding die Stadt verändert und welche Potenziale das neue Finanzierungsinstrument für Städte und Regionen hat URL: http://www.germancrowdfunding.net/2015/03/civic-crowdfunding-wie-crowdfunding-die-stadt-veraendert-und-welche-potenziale-das-neue-finanzierungs-instrumentes-fuer-staedte-und-regionen-hat/ (ausgerufen 11.05.2016)

© Springer Fachmedien Wiesbaden GmbH 2017
K. Assenmacher, *Crowdfunding als kommunale Finanzierungsalternative*,
essentials, DOI 10.1007/978-3-658-17153-7

Gumpelmaier, Wolfgang (2013): CROWDFUNDING. Eine echte Alternative zu öffentlicher und privater Finanzierung. In: Stiftung & Sponsoring, Ausgabe 4, S. 14–15

Harzer, Andrea (2013): Erfolgsfaktoren im Crowdfunding, Ilmenau 2013

Kickstarter: Statistiken, URL: https://www.kickstarter.com/help/stats?ref=footer (aufgerufen 30.04.2016)

Köppl, Karsten (2012): „Modell Quickborn" reborn, In: Behörden Spiegel, Februar 2012, URL: https://www.leihdeinerstadtgeld.de/files/uploads/Pressespiegel/BS_02_12_Quickborn.pdf (aufgerufen 06.05.2016)

LeihDeinerStadtGeld: URL: www.leihdeinerstadtgeld.de (aufgerufen 30.04.2016)

Mittermeier, Alexander (2013): Transaktionskosten: Definition in der Wirtschaft und der Theorie, URL: http://www.gevestor.de/details/transaktionskosten-definition-in-der-wirtschaft-und-der-theorie-656564.html (aufgerufen 20.05.2016)

Orthwein, Ilona (2014): Crowdfunding: Grundlagen und Strategien für Kapitalsuchende und Geldgeber, Hamburg 2014

Place2Help: URL: www.place2help.org (aufgerufen 30.04.2016)

Pöltner, Paul, Horak, Daniel (Hrsg.) (2016), Crowdfunding und Crowdinvesting, Wien 2016

Schneider, Raphaela (2014): Erfolgreiches Crowdfunding als alternative Finanzierungsmethode in Bibliotheken: Ein Kriterienkatalog, Wiesbaden 2014

Schramm, Dana Melanie, Carstens, Jakob (2014): Startup-Crowdfunding und Crowdinvesting: Ein Guide für Gründer, Wiesbaden 2014

Sixt, Elfriede (2014): Schwarmökonomie und Crowdfunding: Webbasierte Finanzierungssysteme im Rahmen realwirtschaftlicher Bedingungen, Wiesbaden 2014

Startnext: Statistik, URL: https://www.startnext.com/ueber/statistiken.html (aufgerufen 30.04.2016)

Wenzlaff, Karsten/Gumpelmaier, Wolfgang (2012): Von Brücken und Pools – Crowdfunding-Idee für Architekten, URL: http://www.ikosom.de/2012/05/28/crowdfunding-architekten/ (aufgerufen 08.05.2016)

Lesen Sie hier weiter

Elfriede Sixt

**Schwarmökonomie
und Crowdfunding**
Webbasierte Finanzierungssysteme
im Rahmen realwirtschaftlicher
Bedingungen
2014, XI, 253 S., 31 Abb.
Softcover € 34,99
ISBN 978-3-658-02928-9

Printed in the United States
By Bookmasters